KB093190

2023
연말정산의
기술

쉬운 절세 알찬 환급

2023
연말
정산
의
기술

최용규(택스코디) 지음

다온북스
DAON BOOKS

오는 2023년 도입 48년 차를 맞이하는 연말정산 제도, 대한민국 직장인이라면 모르는 사람이 없죠. 하지만 매년 접하는데도 불구하고 늘 어렵습니다. 이것이 연말정산이 '누구나 알지만, 아무나 모르는 제도'라고 불리는 이유입니다.

매년 찾아오는 '13월의 월급' 연말정산. 2022년 근로소득에 관한 연말정산 시즌이 이제 다가옵니다.

"작년에 신용카드를 많이 써서 환급을 좀 더 받나 했는데 달라지는 게 없네."

"신용카드 소득공제 한도가 있잖아."

점심시간 구내식당, 옆자리에 앉은 직장인들의 대화입니다. 바로 연말정산 얘기입니다. 월급을 받는 직장인이라면 연초에 반드시 클리어해야 하는 퀘스트 연말정산. 매년 반복하니 익숙해질 만도 한데 할 때마다 새롭게 느껴지는 건 왜일까요. 어찌어찌 환급이라도 받으면 기분 좋고 토해내면 씁쓸한데, 도통 무슨 이유로 환급되거나 추가 납부하는지 모르겠습니다.

연말정산 때마다 세금을 토해내고 있는 당신, 우리가 번번이 절세에 실패하는 이유는 돈을 많이 써서도, 바보여서도 아닙니다. 바로 귀찮아 해서입니다. 부양가족공제, 자녀세액공제, 교육비, 의료비, 연금저축……. 누가 알아서 해 주면 모를까, 잘 모르는 세금 용어의 뜻까지 하나하나 찾아가며 따지고 싶은 마음이 없었을 것입니다.

그래서 제가 《2023 연말정산의 기술》, 이 책 한 권에 여러분의 궁금증을 모두 정리했습니다. 무주택자 미혼 직장인, 문화생활 좋아하는 맞벌이 부부, 자녀와 부모님을 모시고 사는 고액 연봉자, 한부모 가정 혜택까지 여러 상황과 각 연봉에 맞는 절세법을 담았습니다. 공제 항목 역시 하나하나 꼼꼼히 살펴봐야 합니다. 어머니, 아버지, 동생 등 가족 중 누구를 부양가족으로 올려야 할지, 올해 카드 공제 내용이 바뀌지는 않았는지, 병원비와 직무교육비도 정산되는지 등을 잘 따져 봐야 합니다.

연말정산을 위해서는 총 5개의 관문을 통과해야 하며 이 관문은 각각 총급여 →근로소득 금액 →과세표준 →산출세액 →결정세액입니다. 이 순서를 따라가다 보면 어떻게 연말정산이 이뤄지는지 자연히 알게 됩니다. 각 관문에는 공략 비법을 따로 모아놓았으니 이것을 꼼꼼히 읽으면 절세 내공이 저절로 쌓일 것입니다.

연말정산을 공부하면서 세액공제액이 얼마인지 알 필요는 없습니다. 이는 회사에서 알아서 처리해 주는 부분이기 때문입니다. 우리가 알아야 하는 것은 세액공제 금액이 아니라 남편이 자녀를 부양가족으로 등록했다면 자녀 의료비를 지출할 때 남편 카드를 써야 한다는 사실 정도입니다. 딱 이 정도만 알면 연말정산 '세테크'는 대성공입니다. 복잡하고 어려운 세법을 모두 알 필요는 없고 기본만 알면 됩니다.

그래서 이 책은 기존 연말정산 책과는 달리 연말정산의 메커니즘을 이야기하듯이 쉽게 적었습니다. 연말정산은 어렵지 않습니다. 그러니 이 책을 읽을 때에는 조금의 부담도 가질 필요가 없습니다. 이 책이 최소한의 시간으로 최대의 효율을 얻도록 도와줄 것입니다. '회사에서 알아서 해 주겠지', '수입이 많은 가족에게 몰아주면 되지 않을까?' 등 잘못된 생각을 하는 직장인들은 이 책을 꼭 읽어보길 바랍니다.

자, 이제 책장을 넘겨 볼까요? 곧 연말정산을 씹어 먹고 있는 당신을 발견하게 될 것입니다.

차 례

13장. 모르면 세금 폭탄, 연말정산 상식

14장. 알아두면 유용한 연말정산 상식

부록

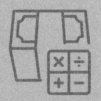

1장.

30분 만에 연말정산 흐름 이해하기

연봉이 5,000만 원이면
세금은 얼마나 나올까?

'소득세'는 소득이 발생했을 때 내는 세금입니다. 직장인들은 월급을 받으므로 보통 한 달에 한 번씩 소득이 발생하지만, 사업자들은 매일 물건을 팔기 때문에 매일 소득이 발생합니다.

세알못: 그럼 사업자들은 매일 세금을 내는 건가요?

과세표준(세금 부과 기준이 되는 금액)에 세율을 곱하면 세금이 계산됩니다. 그런데 우리나라 세법은 소득이 커질수록 세율도 높아지는 구조라서 최저 6퍼센트부터 소득이 많은 사람에게는 최고 45퍼센트까지 세율이 적용됩니다.

어떤 사업자가 매일 100만 원을 번다고 가정해 봅시다. 이 사업자가 매일 세금을 계산해서 낸다면 실제 우리나라 소득세율을 기준으로 매일 벌어들인 소득 100만 원에 세율 6퍼센트를 적용해 6

만 원씩 한 달이면 약 180만 원을 세금으로 냅니다. 하지만 세금 계산을 1개월 단위로 하면 한 달 소득을 모두 합한 3,000만 원이 대상 금액이 되므로 소득세율이 높아져 15퍼센트가 됩니다. 또한 세금을 1년 단위로 계산하면 1년 소득 합계는 총 3억 6,000만 원이므로 세율이 40퍼센트로 적용됩니다. 실제로 벌어들인 금액은 같은데 계산하는 단위 기간에 따라 세금의 크기가 달라지는 것입니다. 어떤 방식이 타당한지를 떠나서 누구에게나 세금이 공평하게 적용될 수 있도록 법으로 세금 계산 단위가 되는 기간을 못 박아둘 필요가 있습니다.

나라에서 세금을 많이 걷고 싶으면 세금을 계산하는 단위 기간, 즉 과세 기간을 길게 정하면 됩니다. 그렇게 되면 하루에 1만 원밖에 못 버는 사람도 장기간의 소득을 전부 더해서 세금 계산을 하게 되므로 높은 세율이 적용됩니다. 하지만 과세 기간을 길게 정하면 과세 기간이 끝날 때까지 세금을 걷을 수 없다는 문제가 있습니다. 세금을 걷어야 국가를 운영하는 데에 필요한 자금을 얻을 수 있는데 오랜 기간 세금을 걷지 못하면 나라 살림살이에 쓸 돈이 없게 됩니다. 이것이 바로 국가에서 과세 기간을 무작정 늘리지 못하는 이유입니다.

반대로 매일 세금을 내라고 하면 납세자인 국민들과 그 업무를 담당하는 세무공무원들이 매우 힘들어집니다. 그래서 세법에서는 과세 기간을 매년 1월 1일부터 12월 31일까지로 정해 1년 단위로 세금을 계산하고 내도록 하고 있습니다.

> **세알못: 연봉이 5,000만 원일 때 세금은 얼마 정도 부과되나요?**

이는 정말 답하기 어려운 질문입니다. 이 5,000만 원에는 여러 가지 변수가 있습니다. 비과세 급여가 포함되어 있지는 않은지, 해당 납세자가 부모님을 모시고 사는지, 자녀는 있는지, 있다면 몇 명인지 따져봐야 합니다. 부양가족 수에 따라 각종 공제 금액이 다르기 때문입니다. 또 의료비 공제, 신용카드 공제 등의 공제 금액도 각기 다릅니다. 이와 같은 공제를 모두 제외하고 남은 금액에 세율을 곱하는 복잡한 문제이기 때문에 '연봉이 5,000만 원일 때 납부할 세금은 얼마다'라고 답변할 수 없습니다.

기본세율(지방소득세: 소득세에 10퍼센트 포함)은 6.6퍼센트, 16.5퍼센트, 26.4퍼센트, 38.5퍼센트, 41.8퍼센트, 44퍼센트, 46.2퍼센트, 49.5퍼센트입니다. (세율에 대한 설명은 〈2장. 30분 만에 연말정산 절세 메커니즘 이해하기〉 중 '과세표준×세율, 이 공식에 답이 있다'를 참고하시기 바랍니다.)

만약 연 소득 금액이 1억 5,000만 원이라면 기본세율만 적용해도 소득세가 3,760만 원입니다. 지방소득세는 이 소득세의 10퍼센트이므로 376만 원이고, 납부할 소득세는 총 4,136만 원이 됩니다. 1억 5,000만 원의 소득 중 세금이 4,136만 원이므로 가처분소득은 1억 864만 원입니다. 따라서 이 경우의 부담세율은 약 28퍼센트(4,136만 원÷1억 5,000만 원)입니다. 국가가 소득의 30퍼센트 정도를 가져가고 일한 사람은 70퍼센트 정도를 가져가는 것입니다. 우리나라 재벌들은 1년에 10억 원을 훌쩍 넘는 돈을 벌기 때문에 최고세율인 49.5퍼센트를 적용해 버는 돈의 반 정도를 국가와 나누어 가지게 됩니다.

근로를 제공하는 직장인들에게 세금에 대해 어떻게 생각하느냐고 물으면 세금 떼고 나면 별로 남는 게 없다고 불평하는 경우가 대다수입니다. 사람마다 다르겠지만, 고액 연봉자가 아닌 이상 근로자의 세금은 급여액의 약 10퍼센트 내외이고 많아야 20퍼센트 정도입니다. 만약 연봉이 5,000만 원인 직장인이라면 연간 세금으로 약 300만 원, 건강보험료(급여의 3.335퍼센트) 및 요양보험료(건강보험료의 5.125퍼센트) 175만 원, 국민연금(4.5퍼센트) 225만 원, 고용보험료(0.8퍼센트) 40만 원을 공제하므로 실수령하는 연봉은 4,260만 원 정도입니다.

누구는 환급받고
나는 추가 납부하는 이유, 뭘까?

세알못: 연말정산은 왜 하는 건가요?

택스코디: 세법에서는 급여를 지급할 때 회사가 일정 금액의 세금을 떼고 지급하도록 하고 있습니다. 때문에 직장인들은 매월 급여를 받을 때마다 세금을 냅니다. 그런데 매년 1월 1일부터 12월 31일까지인 과세 기간(소득세 과세 기간)은 직장인들에게도 어김없이 적용됩니다. 결론부터 말하자면 매월 급여를 받을 때 떼는 세금은 정확하게 계산된 세금이 아닙니다.

직장인들도 무조건 1월 1일부터 12월 31일까지, 1년 동안 번 금액을 모두 합해 세금을 계산해야 합니다. 그런데 매월 급여를 받을 때는 연봉이 최종적으로 얼마가 될지 알 수 없습니다. 게다가 소득공제, 세액공제 등과 같이 결정세액에 영향을 주는 여러 가지 항목도 확정되기 전이므로 더욱이 정확한 세금을 알 수 없습니다. 따라서 매월 급여를 받을 때 임의로 세금을 뗀 뒤, 12월 31일이 지나 연봉 총액이 확정되면 비로소 한 해의 세금을 계산할 수 있는 환경이

마련되었으므로 정확한 세금을 계산할 수 있게 됩니다. 그렇게 계산된 세금과 매월 급여에서 임의로 떼인 세금의 차이를 정산하는 과정이 바로 연말정산입니다.

세알못: 연말정산은 언제, 어떻게 하나요?

먼저 연말정산은 연봉을 전부 받은 후 다음 해 2월에 이루어집니다. 12월분 급여까지 모두 지급되면 1년의 총급여액이 확정됩니다. 이제 직장인의 소득세를 계산할 수 있으므로 소득이 발생한 연도의 다음 해 1월부터 연말정산이 가능해집니다. 많은 이들이 연말정산은 1월에 이뤄진다고 생각하지만, 사실은 그렇지 않습니다. 1월이 되면 회사는 직원들에게 연말정산 서류를 준비해 제출하라고 합니다. 때문에 직장인들은 보통 1월에 연말정산을 위한 서류를 준비하게 되고, 이 때문에 1월에 연말정산을 한다고 착각합니다. 하지만 연말이 지나자마자 바로 연말정산 업무를 하기엔 시간이 촉박하므로 서류를 준비하는 기간을 거쳐 2월에 연말정산 작업이 시작됩니다. 그리고 연말정산 결과도 2월 급여가 지급될 때 환급액 또는 추가 납부액 형태로 근로자의 급여에 반영됩니다.

세알못: 연말정산 후에 누구는 돈을 돌려받고 누구는 오히려 추가 납부를 하게 되던데 이는 그건 어떤 기준으로 정해지나요?

연말정산이란, 요약하자면 '한 해 동안 낸 세금을 다시 계산하는 과정'입니다. 직장인은 매월 급여를 받을 때 간이세액표에 따라 산출된 세금을 미리 공제하고 급여를 받습니다. 그리고 한 해 동안 쌓인 급여와 세금을 각종 공제 항목을 반영해 다시 세액 계산을 하게 되죠. 매월 원천징수한 간이세액표는 개인에게 해당되는 공제 항목을 전부 반영하지 못하기 때문에 정확하게 계산하는 절차가 필요한 것입니다. 결정세액보다 미리 공제된 세금이 많은 경우 환급을 받는 것이고 반대라면 추가 납부를 하게 됩니다.

즉, 환급받은 돈은 애초에 내지 않았어도 되는 세금, 원래 내 돈이었던 것입니다. 또한 추가 납부하는 세금은 원래 냈어야 할 세금입니다. 때문에 많이 환급받는다고 무조건 좋은 것은 아닙니다. 사실 '조삼모사(朝三暮四)'나 다를 바 없습니다.

연말정산의 흐름을 조금 단순화해서 살펴볼까요. 어떤 직장인의 1년 치 급여액과 급여를 받을 때 떼인 세금을 가정하여 연말정산 사례를 만들어 보겠습니다. 급여를 받을 때는 근로소득세뿐만 아니라 지방소득세(근로소득세의 10퍼센트), 건강보험료, 국민연금 등 이것저

것 떼는 항목이 많습니다. 지금은 연말정산이 무엇인지, 어떻게 계산하는지 설명하는 것이 목적이므로 다른 내용은 모두 제외하고 근로소득세만을 반영해 사례를 만들었습니다.

- 기간: 2022년 1~12월
- 급여: 300만 원
- 세금: 40만 원
- 실제 수령액: 260만 원
- 실제 내야 할 세금(결정세액): 400만 원
- 미리 낸 세금 총액(기납부세액): 40만 원×12개월=480만 원
- 납부(또는 환급)세액: −80만 원

예시1의 직장인 A는 매월 300만 원의 급여를 받으면서 40만 원의 근로소득세를 떼여 260만 원을 실수령했습니다. 이 직장인의 연봉에 해당하는 3,600만 원이 '총급여액'입니다. 총급여액에서 시작해 여러 과정을 거쳐 결정세액을 계산하게 되는데, 위 직장인의 경우 연봉(총급여액)에 소득공제, 세액공제 등을 적용해 계산한 결과 400만 원의 결정세액이 산출되었습니다.

A는 올 1년간의 연봉 3,600만 원에 대해 400만 원의 세금을 내면 되는데, 매월 월급을 받을 때 떼인 세금은 40만 원씩 총 480만 원이므로 실제 내야 하는 세금보다 80만 원을 더 낸 것이 됩니다. 그러므

로 연말정산 시 이 금액을 돌려받을 수 있습니다. 이 금액이 바로 연말정산 환급액입니다.

반대로 같은 상황에서 매월 떼인 세금이 20만 원씩 총 240만 원이라고 해봅시다. 이 경우 매월 실수령액은 앞의 사례보다 더 크지만, 연봉 차이는 없으므로 그해 결정세액도 차이 나지 않습니다. 하지만 미리 낸 세금이 240만 원밖에 되지 않으므로 결과적으로 세금을 160만 원 미달 납부한 것이 됩니다. 때문에 이만큼 세금을 추가 납부해야 합니다. 이 경우가 바로 주변에서 종종 보이는 연말정산 세금 폭탄입니다.

예시
02

- 기간: 2021년 1~12월
- 급여: 300만 원
- 세금: 20만 원
- 실제 수령액: 280만 원
- 실제 내야 할 세금(결정세액): 400만 원
- 미리 낸 세금 총액(기납부세액): 20만 원×12개월=240만 원
- 납부(또는 환급)세액: 160만 원

예시 1, 2를 잘 살펴보면 결정세액과 기납부세액의 크기에 따라 13월의 보너스 또는 13월의 세금 폭탄이 결정되는 것을 알 수 있습

니다. 결정세액은 최대한 적게, 기납부세액은 최대한 많게 하면 13월에 보너스를 받을 수 있습니다. 그런데 기납부세액은 어차피 우리 주머니에서 나가는 돈이므로 기납부세액을 크게 해서 환급을 더 받는 것은 그저 국가에 돈을 줬다 돌려받는 것밖에는 안 됩니다. 따라서 중요한 것은 결정세액을 줄이는 것이고, 결정세액을 줄이기 위해서는 소득공제와 세액공제를 늘리는 방법을 알아야 합니다. 바로 이것이 연말정산 절세의 핵심입니다.

납세자와 납세의무자가 다른 연말정산, 이 구조가 문제다!

세알못: 연말정산은 꼭 직장인이 직접 해야 하나요?

택스코디: 연말정산은 근로자 개개인의 소득세 신고나 마찬가지지만 사실상 직장인이 스스로 하는 것은 아닙니다. 회사는 근로자로부터 연말정산 관련 서류를 제출받아 연말정산 업무를 모두 처리해야 하는 의무가 있습니다. 때문에 '연말정산 의무자'는 회사입니다.

직장인은 연말정산에 관련된 여러 가지 서류를 근무 중인 회사에 제출해야 합니다. 연봉은 회사가 지급하므로 회사는 이미 연봉, 즉 총급여액에 대한 자료를 확보하고 있습니다. 따라서 근로자는 소득공제와 세액공제를 적용받기 위한 자료를 회사에 제출함으로써 본인의 연말정산 업무를 보조하게 됩니다.

매년 하는 연말정산이지만, 실무를 회사에서 대리해 주다 보니 내용과 절차에 대해 정확히 모르는 경우가 많습니다. 돈을 돌려받긴

했는데 왜 받았는지 영문을 모르거나, 더 내라고 해서 더 내긴 했는데 정확한 이유를 몰라 찜찜한 경우도 많습니다. 이는 연말정산을 제대로 이해하지 못했기 때문입니다. 자신의 연말정산은 스스로 챙길 수 있어야 세금을 정확하게 따져 낼 수 있겠죠. 직장인들이 연말정산을 잘 이해하고 처리하기 위해서는 무엇을 알고 준비해야 하는지 살펴볼까요.

먼저 공제가 가장 큰 항목부터 챙겨보는 것이 중요합니다. 월세세액공제, 중소기업 청년 소득세 감면, 각종 주택 관련 공제, 저축 및 연금 관련 공제 등은 공제 금액이 크기 때문에 혜택이 많습니다. 더불어 의외로 신용카드를 많이 쓴다고 무조건 공제를 많이 받는 것이 아니라는 걸 꼭 알아두어야 합니다. 공제 한도가 있기 때문에 소비한 만큼 공제 혜택이 극적으로 크지 않으니 과소비할 필요가 없습니다. 이와 같은 내용은 〈4장. 당신만 모르는 연말정산 절세법, 신용카드 소득공제〉에서 더 상세히 다룰 예정입니다.

세알못: 저는 소득이 적은데 왜 환급을 못 받은 거죠?

연말정산 환급액은 국가가 저소득층에게 주는 보조금이 아닙니다. 환급을 받고 싶다면 결정세액을 줄이는 것이 중요합니다. 소득공제와 세액공제를 최대한 받아서 결정세액을 0으로 만드는 쾌거를 올렸다고 가정합시다. (결정세액은 0보다 작을 수 없으므로 이것이 최선의 결과입니다.) 그럼 환급액은 얼마일까요? 바로 기납부세액이 환급금이 됩니다. 환급받을 수 있는 최대 금액은 매월 월급에서 떼인 금액의 합계액이기 때문입니다.

소득이 적은 사람은 매월 떼인 세금 역시 적습니다. 월급이 150만 원이고 부양가족이 1명이라면 매월 떼이는 세금은 4,420원입니다(지방소득세까지 합해도 4,860원입니다). 이 사람은 아무리 절세해 결정세액을 0으로 만들어도 1년간 떼인 세금의 합계액이 58,320원뿐이므로 최대로 환급금도 58,320원에 불과합니다.

연말정산 간소화 서비스,
조회 안 되는 자료는 어떻게 할까?

직장인 연말정산 간소화 자료는 오는 2023년 1월에 확인할 수 있습니다. 홈택스 웹사이트(www.hometax.go.kr)에서 '연말정산 간소화' 메뉴에 들어가면 각종 소득·세액 증명 자료를 볼 수 있습니다. 간소화 자료 확인은 2월 15일까지 가능합니다. 이때 의료비와 같은 중요 공제 자료가 누락되어 있는 경우가 더러 있습니다. 병원 영수증 발급 기관은 2023년 1월 15~18일에 추가·수정 자료를 제출합니다. 때문에 누락되었던 자료는 같은 달 20일부터 홈택스에서 확인할 수 있습니다.

세알못: 1월 20일이 되었는데도 홈택스에서 확인되지 않으면요?

택스코디: 1월 20일 이후에도 확인되지 않는 자료는 직접 챙겨야 합니다. 영수증 발급 기관에 연락해 발급 받은 뒤 회사(원천 징수 의무자)에 제출해야 소득·세액 공제를 받을 수 있습니다.

각종 소득·세액 공제 증명 자료는 2022년 1월 20일부터 2월 28일까지 수집합니다. 2022년부터는 의료비 세액공제 항목 중 하나인 산후조리원 비용과 신용·체크카드(현금영수증) 소득공제 항목 중 하나인 박물관·미술관 입장료, 벤처기업 투자 신탁 투자금 자료가 자동으로 수집됩니다.

세알못: 자료 수집은 국세청에서 알아서 해 주는 것 같은데……. 자동으로 조회가 안 되는 것도 있나요? 그런 건 어떻게 준비해야 하나요?

택스코디: 국세청에서 조회 가능한 것들은 모두 사용처에서 자료를 업로드했기 때문입니다. 즉, 업로드가 이루어지지 않으면 조회되지 않습니다. 만약 내가 지출한 의료비, 교육비 등이 조회되지 않는다면 요건을 확인하고 직접 해당 기관에 문의하여 영수증을 받은 뒤 회사에 제출해야 합니다.

소득·세액공제신고서와 수동공제 증명 자료는 2023년 2월 1일부터 같은 달 28일까지 내면 됩니다. 쉽게 말해 연말정산은 2023년 1월 15일에 시작해 같은 해 2월 28일에 끝난다고 생각하면 됩니다.

연말정산 결과 더 내야 할 세액이 있는 경우에는 2월 급여에서 해당 금액을 차감합니다. 돌려받을 세액이 있는 경우에는 3월 급여에 포함해 지급됩니다. 다만 이 일정은 회사 사정에 따라 변동될 수 있습니다.

그럼 회사는 어떨까요? 근로자에게 정보를 제공하고, 각종 신고서·명세서를 받아 제출해야 하므로 그 일정이 더 깁니다. 우선 2022년 12월 31일까지 연말정산 업무 준비 과정을 밟습니다. 신고 유형을 선택하고 일정 등의 정보를 소속 직원에게 제공하는 기간입니다. 2023년 1월 20일부터는 서류 검토에 착수합니다. 소속 직원이 낸 각종 소득·세액공제신고서와 공제 증명 자료, 공제 요건 등을 검토합니다.

소속 직원별 세액 계산을 마친 뒤, 같은 해 2월 28일까지 원천 징수 영수증을 발급합니다. 이후 2월분 원천세 신고서와 2022년 귀속 지급명세서를 3월 10일까지 제출하면 마무리됩니다. 이 일정 또한 회사 사정에 따라 소폭 바뀔 수 있습니다.

국세청이 연말정산 자료를 간소화 서비스를 통해 원천징수 의무자, 즉 회사에 자동 통보하면 직장인들은 자료 제출 없이 관련 내용을 점검만 하면 됩니다. 다음과 같은 항목이 간소화 서비스 지원 대상입니다. (국세청 홈택스 홈페이지에서는 이런 기능과 함께 연말정산 미리보기 서비스도 제공합니다. 홈택스 애플리케이션에서도 가능합니다.)

- 보험료: 일반 보장성 보험료, 장애인 전용 보장성 보험료
- 의료비: 의료 기관에 지출한 금액 등
- 교육비: 유치원 교육비, 초·중·고등학교, 대학교 교육비 등(국외 교육비는 지원되지 않음)
- 주택자금 공제: 장기주택 저당차 입금, 주택 임차 차입금 원리금 상환액(월세 지출액은 지원되지 않음)
- 장기주식형 저축, 퇴직연금
- 개인연금저축, 연금저축
- 신용카드 사용 금액: 신용카드 및 현금영수증 서류 금액(학원 수강료 지로 납부확인서는 지원되지 않음)
- 소기업, 소상공인 공제부금
- 기부금

2장.

30분 만에 연말정산
절세 메커니즘 이해하기

연말정산 절세 메커니즘을 알아보자

PC로 홈택스에 접속해 클릭 몇 번만 하면 끝나는 연말정산 간소화 서비스는 말 그대로 정말 간소합니다. 홈택스에서 자료를 살펴보면 신용카드, 보험료, 병원비 등 여기저기 열심히 돈을 쓴 흔적이 역력합니다. 하지만 쓴 돈을 다 돌려받는 건 아닙니다. 많이 썼다고 많이 돌려받는 것도 아닙니다. 아, 이젠 이 정도는 알고 있다고요?

연말정산의 백미는 환급입니다. 환급금을 늘리기 위해 먼저 알아야 할 것은 항목별 공제 한도입니다. 아무리 많이 써도 한도를 채웠다면 그 이상은 돌려받을 수 없습니다. 일단 이런 체계를 파악하고 나면 최대치 환급이 가능하도록 지출을 조정할 수 있습니다. 예를 들어 공제 한도를 초과한 불필요한 보험료를 줄이고 연금저축은 늘리면 같은 돈이 나가더라도 환급액은 늘어나게 됩니다. 그리고 이를 바탕으로 내가 얼마나 환급받을지 미리 살펴볼 수 있습니다.

연말정산은 끝나도 끝난 게 아니란 말이 있습니다. 직장을 다니는 한 내년에도, 내후년에도 그리고 그다음 해에도 계속되기 때문입니다. 지난해를 복기하면 올해의 지출을 설계해 볼 수 있을 것입니다. 이 책을 펼친 뒤, 그간 제출한 연말 공제 신고 자료를 다시 꺼내 살펴보면 도움이 될 것입니다. 내년 환급액을 늘릴 수 있는 '숨은 1인치'를 찾아 봅시다.

> **세알못: 저도 세태크를 잘하고 싶어요.**

> **택스코디: 세태크를 잘하기 위해서는 우선 각 세목을 정확히 이해하고, 세금 계산의 원리부터 이해해야 합니다.**

세금은 순소득(수입 금액-필요경비)에 대해 부과됩니다. 근로소득세는 총급여액에서 근로소득공제를 적용하고, 양도소득세는 양도차익(양도가액-취득가액)에서 기타 필요경비와 장기보유 특별공제를 적용해 과세합니다. 이런 계산 방식은 누구에게나 똑같이 적용됩니다. 근로소득세는 아래와 같은 순서로 계산됩니다.

- 근로소득 금액=총급여액-근로소득공제
- 근로소득 과세표준=근로소득 금액-종합소득공제(인적공제와 특별공제 등)
- 산출세액=과세표준×기본세율(6~45퍼센트)
- 납부세액=산출세액-세액공제-기납부세액

총급여액에서 근로소득공제와 종합소득공제를 차감한 금액에 세율을 적용해 근로소득세가 계산됩니다. 이렇게 산출된 세액에서 세액공제 및 기납부된 원천징수 세액을 차감해 세금은 결정됩니다.

근로소득공제는 급여 수준에 따라 얼마를 공제할 건지 미리 정해져 있습니다. 그러나 종합소득공제는 급여생활자 개인의 특성을 반영해 공제액이 결정됩니다. 계산 방식을 봐서 알 수 있듯이 근로소득세를 줄이는 방법은 각종 공제를 많이 받는 것뿐입니다. 그 밖의 부분은 법에 따라 획일적으로 적용되기 때문입니다.

연말정산 구조 간단 정리

구분	공제 내용
근로소득(총급여)	
−근로소득공제	총급여액의 수준에 따라 최고 70퍼센트 ～ 최저 2퍼센트 공제
=근로소득 금액	
−종합소득공제	인적 소득공제 – 기본공제, 추가 공제
	특별소득공제 – 주택자금공제
	기타소득공제 – 신용카드공제, 국민연금 및 건강보험료공제
=과세표준	
×세율	6～45퍼센트

=산출세액

-세액공제	• 근로세액공제(한도 74만 원) • 자녀세액공제(1명: 15만 원, 2명: 30만 원 등, 출산 및 입양 시에는 별도의 추가 공제) • 특별세액공제(보험료: 한도 내 지출액의 12~15퍼센트, 의료비: 한도 내 지출액의 15퍼센트, 교육비: 한도 내 지출액의 15퍼센트, 기부금: 한도 내 지출액의 15퍼센트(1천만 원 초과 시 초과분은 30퍼센트)) • 연금 계좌 세액공제(한도 내 지출액의 12~15퍼센트) • 월세 세액공제(750만 원 한도 내 지출액의 최대 12퍼센트, 2023년부터 최대 15퍼센트)

=결정세액
-기납부세액
=납부 또는 환급세액

총급여액이 중요하다

1년 동안 받은 근로소득을 모두 더하면 총급여액이 됩니다. 회사에서 받은 보수는 모두 총급여액이라고 보면 됩니다.

그런데 회사에서 근로자에게 보수를 지급하는 방법은 생각보다 다양합니다. 보통 돈으로 지급하지만, 돈 대신 보험을 들어준 뒤 그 보험료를 대신 내줄 수도 있고, 회사 보유 주택에 공짜로 살게 해 줄 수도 있습니다. 이런 경우에는 매월 보험료 납부액만큼, 주택의 매월 월세만큼 급여를 더 받은 것과 다름없습니다. 이런 상황이 얼마든지 있을 수 있으므로 세법에서는 총급여액에 포함되는 근로소득의 형태를 구체적으로 예시하고 있습니다.

형식적으로는 급여, 상여, 수당 등 인건비의 형식을 취하고 있지 않으나 사실상 근로자에게 지급되는 모든 경제적 이득은 총급여액에 포함됩니다. 명칭 때문에 급여가 아닌 특별한 목적에 의해 지급되는 것처럼 보일지라도 사실상 근로자가 받는 금액은 일반적인 급여와 동일하게 총급여액에 포함됩니다. 그 사례는 다음과 같은 항목들입니다.

1. 기밀비, 공비 등의 명목으로 지급되는 금액
2. 공로금, 위로금, 개업축하금 등의 명목으로 지급되는 금액
3. 학자금, 장학금 등의 명목으로 지급되는 금액
4. 휴가비, 여비 등의 명목으로 지급되는 금액

위에서 살펴본 항목들은 명목이야 어떻든 형식적으로는 금전이 지급되는 상황입니다. 근로자에게 직접 금전이 지급되지 않더라도 실질적으로 근로자에게 경제적 이익이 부여되면 그 이익에 해당하는 금액은 근로자의 총급여액에 포함합니다. 그 대표적인 사례는 다음과 같습니다.

1. 근로자가 회사로부터 주택을 제공 받아서 얻는 이익
2. 회사가 근로자의 주택 구입 또는 임차에 소요되는 자금을 저금리 또는 무상으로 대여해 줌으로써 근로자가 얻는 이익
3. 회사가 종업원이나 그 배우자, 기타의 가족을 수익자로 하는 보험에 가입하고 보험료를 내줄 때 해당 보험료

1번과 2번은 주거 지원의 경우로 볼 수 있습니다. 회사 소유 주택에 무상으로 살게 해 주거나 주택 구입 자금을 무이자로 빌려주었다

면 사실상 월세액과 대출 이자만큼 근로자에게 이득이 발생한 것이므로 해당 금액을 계산해 총급여액에 포함한다는 의미입니다.

3번은 회사가 근로자의 보험을 들어주는 경우입니다. 근로자에게 혜택이 부여되는 보험의 보험료를 회사가 대신 내준다면 사실상 보험료만큼 급여를 더 지급하는 것이나 다를 바 없습니다. 따라서 회사가 내주는 보험료만큼 월 급여에 추가되는 것이고, 이는 당연히 총급여액에 포함됩니다.

그런데 복리후생 차원에서 직원에게 일정한 사고나 질병이 발생했을 때 보험금을 탈 수 있는 단체 보험에 가입할 때가 있습니다. 이런 보험은 직원이 그 회사를 퇴사하는 순간 보장 받지 못하게 되므로 순수한 복리 제도로 볼 수 있습니다. 이런 보험료에 대해서도 직원에게 그 보험료만큼 급여를 더 받은 것으로 보아 세금을 매긴다면 차라리 그 금액만큼 급여를 더 받아 본인이 직접 보험에 가입하는 것이 낫습니다. 그래서 세법에서는 복리후생 목적으로 가입시켜주는 단체 보험에 대해서는 연간 70만 원(월 보험료로 따지면 약 58,000원 정도)까지는 해당 근로자의 총급여액에 포함하지 않습니다. 하지만 이를 초과하는 금액은 여지없이 총급여액에 포함됩니다.

> **세알못:** 근로소득으로 세금이 매겨지는 총급여액 항목이 생각보다 많네요. 그런데 비과세되는 항목도 있다고 들었습니다.

택스코디: 분명 회사로부터 돈을 받았지만, 세금을 걷지 않겠다고 정한 소득도 있습니다. 이를 '비과세 근로소득'이라고 합니다.

앞서 근로자가 회사로부터 주택을 제공 받아 발생하는 이익도 해당 근로자의 총급여액에 포함된다고 말했습니다. 그런데 다행히도 직원이 회사 보유 주택을 제공 받으면 비과세 근로소득으로 봅니다. 반면 임원이 회사 소유 주택을 무상으로 사용하는 경우에는 총급여액에 포함됩니다. 임원 중 회사 지분을 보유하지 않은 임원과 상장회사의 소액주주인 임원은 직원과 동일하게 비과세 혜택을 줍니다.

회사가 임직원에게 지급한 경조사비 중 사회 통념상 타당하다고 인정되는 범위 내의 금액은 총급여액에 포함되지 않습니다. 축의금, 부의금까지 모두 세금을 매기는 것은 너무 매정합니다. 세법도 이 부분에 대해 같은 생각입니다. 이처럼 순수한 경조사비로 일회성 지급되는 금액은 총급여액에 포함되지 않습니다.

또 근로자가 본인 명의 차량을 회사 업무 수행에 이용하는 경우, 비용을 회사에 청구하는 대신 회사 내부 지급 기준에 따라 급여에 일정 금액을 더해 지급 받는 수도 있습니다. 이때의 추가 급여 지급액을 '자기차량운전보조금(자가운전보조금)'이라고 하며, 이 금액은 월 20만 원까지 비과세 대상으로 봅니다. 이는 실제 기업에서 많이 활용되고 있습니다. 다만 직원의 급여 중 일부를 자기차량운전보조금으로 비과세 처리하기 위해서는 반드시 해당 직원 명의의 차량이 있어야 합니다. 이것이 기본 전제 조건입니다. 이는 반드시 직원 차량을 회사 업무에 사용하는 경우에만 가능합니다.

총급여액이 3,000만 원 이하인 생산직 종사자나 운전원, 배달 및 수하물 운반 종사자, 선원이 연장근로·야간근로·휴일근로를 하여 받는 연장근로수당의 경우, 연 240만 원까지 비과세 근로소득으로 봅니다. 광산근로자나 일용근로자의 연장근로수당은 한도 없이 전액 비과세합니다. 여기서 주의할 부분은 연장근로수당이 비과세되기 위해서는 근로자의 월정액 급여가 210만 원 이하여야 한다는 점입니다.

다음은 실무에서 가장 많이 활용되는 항목입니다. 회사에서 직원에게 식사를 제공하면(식사비를 회사가 직접 내주는 경우 포함) 그 식사는 급여로 보지 않습니다. 만약 식사를 제공하는 대신 식대를 금전으로 지급했다면 원칙적으로는 해당 식대만큼 급여가 더 지급된 것이지만, 형평성을 위해 식대도 월 20만 원(종전 10만 원)까지는 비과세 근로소득으로 인정합니다. 하지만 식사를 제공하면서 식대를 별도로 지급한다면 식대 전액이 과세 대상 급여로 처리된다는 사실도 기억해야 합니다.

근로자가 학교에 진학하게 되어 그 학교에 지급하는 입학금, 수업료, 수강료, 그 밖의 공납금을 회사가 지원해 주었다면 사실상 그 금액만큼 급여를 더 지급한 것과 같지만, 비과세 대상으로 처리합니다. 학비를 비과세 학자금으로 인정받기 위해서는 원칙적으로 회사 업무와 관련 있는 내용을 교육받기 위한 진학이어야 하고, 회사 내부 기준에 따라 지급되어야 합니다. 그리고 6개월 이상 학교에 다니면 졸업 후 학교에 다닌 기간만큼 반드시 회사에 근무해야 하며 그렇지 않으면 학자금을 반환한다는 조건이 있어야 합니다. 이런 학자금 보조액은 본인 학자금에 대해서만 비과세가 적용됩니다. 자녀나 다른 가족의 학자금을 회사로부터 지원받으면 해당 금액만큼 급여에 가산되어 세금이 늘어납니다.

마지막으로 근로자가 6세 이하 자녀를 두고 있어 회사로부터 자녀 보육 비용 명목으로 추가적인 급여를 받게 되면 월 10만 원까지 비과세 근로소득으로 봅니다. 여기서 비과세 대상인 자녀보육비는 근로자 1인당 비과세 가능 금액입니다. 그러므로 6세 이하 자녀가 2명이든 3명이든 자녀보육비 명목의 비과세는 10만 원까지만 가능합니다.

근로소득과 근로소득 금액은
다른 말이다

　　세금은 매출액이 아닌 실제로 주머니에 들어온 돈, 즉 순이익을
따져 내는 것입니다. 그래서 사업자들은 사업을 하면서 벌어들인 금
액인 총매출액에서 그 매출액을 발생시키기 위해 지출한 각종 비용
을 차감하고 세금을 냅니다. 세법에서는 용어를 달리 쓰고 있는데
매출액 또는 수익에 해당하는 금액을 '총수입금액', 각종 비용에 해
당하는 금액을 '필요경비'라 부르고 총수입금액에서 필요경비를 뺀,
다시 말해 순이익에 해당하는 금액을 '소득 금액'이라고 합니다.

> 소득 금액(순이익)=총수입금액(수익)−필요경비(비용)

> 세알못: 그럼 근로자도 순이익을 계산할 수 있나요?

택스코디: 우선, 근로자는 그럴 필요가 없습니다. 회사에서 알아서 처리해 주니까요. 하지만 굳이 따지자면 회사에서 받은 월급의 합계, 즉 연봉이 총수입금액에 해당하고, 직장을 다니면서 지출하는 교통비, 식대와 같은 항목이 필요경비에 해당합니다. 동료들과 치맥으로 회포를 푼 금액도 월급을 받기 위해 필요한 지출로 볼 수 있으므로 필요경비가 될 수 있습니다.

이처럼 회사에서 월급을 받기 위해 지출하는 여러 가지 비용이 있지만, 세법의 입장에서는 이런 지출은 사적인 지출과의 경계가 모호합니다. 그래서 실제 지출된 내용으로 근로자의 필요경비를 인정해 주기에는 무리가 있다고 판단합니다. 그렇다고 사업자들의 필요경비만 인정해 주고, 근로자들 것은 인정해 주지 않으려니 가뜩이나 세금 부담이 크다고 불평 많은 직장인들 볼 낯이 서질 않습니다. 고민 끝에 세법은 근로자들의 필요경비는 사업자들처럼 실제 지출된 비용으로 하지 않고 연봉 금액에서 일정 비율만큼을 필요경비로 인정합니다. 이것이 근로자들의 필요경비인 '근로소득공제'입니다.

사업자의 매출액에 해당하는 금액이 근로자에게는 연봉입니다. 사업자의 매출액을 세법에서는 '총수입금액'이라고 하지만, 근로자의 연봉은 총수입금액이 아닌 '총급여액'이라고 합니다. 결국 총급여액에서 비용에 해당하는 근로소득공제를 차감하여 근로자의 순이익에 해당하는 '근로소득 금액'을 계산하게 됩니다.

근로소득 금액=총급여액−근로소득공제

총급여액	근로소득공제
500만 원 이하	총급여액×70퍼센트
500만 원 초과 1,500만 원 이하	350만 원+500만 원 초과 금액×40퍼센트
1,500만 원 초과 4,500만 원 이하	750만 원+1,500만 원 초과 금액×15퍼센트
4,500만 원 초과 1억 원 이하	1,200만 원+4,500만 원 초과 금액×5퍼센트
1억 원 초과	1,475만 원+1억 원 초과 금액×2퍼센트

세알못: 어떤 직원의 1년간 총급여액이 6,000만 원이라면 실제 세금이 매겨지는 소득인 근로소득 금액은 얼마인가요?

위 예시를 함께 계산해봅시다. 근로소득 금액은 총급여액에서 근로소득공제를 차감한 금액이고, 근로소득공제는 위의 표를 이용하면 되므로 계산은 간단합니다.

근로소득 금액=총급여액-근로소득공제
=6,000만 원-(1,200만 원+1,500만 원×5퍼센트)
=4,725만 원

과세표준×세율,
이 공식에 답이 있다

소득세율은 8단계 초과누진세율 구조로 되어 있습니다. 과세표준의 크기에 따라 8단계로 구분되며 과세표준 크기가 커질수록 더 높은 세율이 적용되는 구조라서 '초과누진'세율이라고 합니다.

'누진세율'이란 소득이 증가하면 적용되는 세율도 높아지는 것을 말합니다. 누진세율은 소득이 2배가 되었을 때 세금은 2배보다 더 커지도록 적용되는 세율이며, 초과누진세란 소득이 증가하면 적용되는 세율이 저율에서 고율로 단계적으로 점점 증가하는 세율입니다.

소득세율은 낮게는 6퍼센트부터 최대 45퍼센트까지의 세율이 적용되며 총 8단계로 나뉩니다. 최고세율은 45퍼센트이지만 소득세의 1/10에 해당하는 지방소득세가 가산되므로 실제로는 49.5퍼센트라고 봐도 무방합니다. 실무에서는 지방소득세까지 반영해 6.6퍼센트,

16.5퍼센트, 26.4퍼센트······ 이런 식으로 표현하기도 합니다.

직장인 중에는 소득세 세율을 알고 있는 사람도 많습니다. 하지만 적용 방법을 오해하는 경우가 종종 있습니다. 예를 들어 과세표준이 1,600만 원이라면 해당 구간은 세율 15퍼센트가 적용된다는 것까지는 알고 있습니다. 그런데 대부분 세율이 15퍼센트이므로 산출세액은 '1,600만 원×15퍼센트=240만 원'으로 계산한다고 이해하고 있습니다. 이렇게 따지면 과세표준이 1,200만 원일 때는 세율이 6퍼센트인데 1만 원을 초과해 1,201만 원이 되면 세율이 15퍼센트로 급등해 차라리 1만 원은 벌지 않는 편이 낫게 되죠. 이것은 뭔가 불합리합니다. 그러므로 세율을 적용할 때는 단순하게 과세표준에 해당 구간의 세율을 곱하는 것이 아니라 금액에 따라 각 구간에 해당하는 세율을 순차적으로 적용합니다.

다시 말해 과세표준이 1,600만 원은 15퍼센트 세율이 적용되는 구간이긴 합니다. 하지만 1,200만 원까지는 6퍼센트를 그대로 적용하고, 1,200만 원을 초과하는 400만 원에 대해서만 15퍼센트가 적용되는 것입니다. 그렇게 되면 세율이 좀 더 높아지더라도 1만 원을 더 버는 것이 낫습니다.

2022년 7월 세제개편안이 발표되어 연봉 1억 원 안팎의 계층이 가장 큰 수혜를 누릴 것으로 보입니다. 소득세 과표 구간은 현재

1,200만 원 이하부터 1,200~4,600만 원, 4,600~8,800만 원, 8,800~1억 5,000만 원, 1억 5,000만~3억 원, 3~5억 원, 5~10억 원, 10억 원 초과까지 8개로 나누고 있습니다.

바뀐 개정안은 하위 2개 구간을 1,400만 원 이하, 1,400~5,000만 원으로 조정합니다. 이에 따라 4,600~8,800만 원 구간은 5,000~8,800만 원으로 변경됩니다. 이번 변경안을 통해 과표가 1,100만 원인 사람은 하위 과표 구간 변경의 수혜를 받지 못합니다. 과표가 1,200~4,600만 원인 사람은 최하위 과표 변경 수혜 18만 원을 얻습니다. 과표가 4,600~8,800만 원이거나 그 이상인 구간은 18만 원에 더해 총 36만 원의 수혜를 추가로 얻는 구조입니다.

통상 과표 1,200만 원은 총급여 기준 2,700만 원, 4,600만 원은 7,400만 원, 8,800만 원은 1억 2,000만 원을 의미합니다. 이번 소득세 하위과표 조정으로 총급여 7,400만 원 이상 근로자들이 54만 원으로 가장 큰 수혜를 얻게 됩니다.

소득세 과세표준 구간 조정(2023년 개정 예정)

과세표준	세율
1,400만 원 이하	6퍼센트
1,400만 원 초과~5,000만 원 이하	15퍼센트
5,000만 원 초과~8,800만 원 이하	24퍼센트
8,800만 원 초과~1억 5,000만 원 이하	35퍼센트
1억 5,000만 원 초과~3억 원 이하	38퍼센트
3억 원 초과~5억 원 이하	40퍼센트
5억 원 초과~10억 원 이하	42퍼센트
10억 원 초과	45퍼센트

누구나 받는 혜택, 근로소득 세액공제

근로소득에 대한 세금을 계산할 때는 일정 비율만큼 세금을 무조건 깎아주는 '근로소득 세액공제'라는 제도를 두고 있습니다.

> **세알못: 그럼 얼마를 공제해 주는 건가요?**

> **택스코디: 공제액은 다음과 같이 계산합니다.**

근로소득 산출세액	근로소득 세액공제
130만 원 이하	근로소득 산출세액×55퍼센트
130만 초과	715,000원+(근로소득 산출세액 - 130만 원)×30퍼센트

위의 공식을 외울 필요는 없습니다. 특별히 신경 쓰지 않아도 근로소득이 있으면 알아서 적용되고 있으며, 이 세액공제를 적용받기

위해 준비할 것도 없습니다. 연봉이 확정되면 그에 따라 세금을 계산하고 산출세액에 따라 자동으로 반영되기 때문입니다.

근로소득공제도 구조처럼 근로소득 세액공제도 공제액을 계산하는 식만 보면 연봉(산출세액)이 커질수록 공제 비율은 낮아져도 공제액은 완만하게나마 증가하도록 만들어져 있습니다. 세액공제를 계산하는 식에서 따르면 산출세액이 130만 원을 초과하면 공제액 비율이 50퍼센트에서 30퍼센트로 줄어들긴 하지만, 어쨌든 130만 원 초과분은 30퍼센트의 비율로 증가하게 되어 있습니다.

그런데 총급여액이 3,300만 원 이하이면 세액공제 한도가 74만 원이지만, 총급여액이 3,300만 원을 초과하면 66만 원까지 줄어들 수 있습니다. 심지어 총급여액이 7,000만 원을 초과하면 한도액이 50만 원까지 줄어들 수 있습니다. 세액공제액 자체는 총급여액 7,000만 원을 초과하여 증가할수록 올라가는데, 한도액은 오히려 줄어 세액공제액 역시 줄어들게 만들고 있는 것입니다. 이는 고액연봉자의 세금을 늘리기 위해 연봉이 커질수록 세액공제가 줄어드는 공제계산 구조를 만들다 보니 생긴 한도 규정입니다.

총급여액	근로소득세액공제 한도
3,300만 원 이하	74만 원
3,300만 원 초과 ~7,000만 원 이하	최대 ① 또는 ② ① 74만 원-(총급여액-3,300만 원)×0.8퍼센트 ② 66만 원
7,000만 원 초과	최대 ① 또는 ② ① 66만 원-(총급여액-7,000만 원)×0.5퍼센트 ② 50만 원

정부에서 이 제도를 통해 직장인의 유리 지갑을 약간 보호해 주었다고 생각하면 됩니다. 한 번 더 말하지만, 직장인이 근로소득 세액공제를 자세히 이해할 필요는 없습니다. 이런 공제가 있다는 정도만 알고 넘어가도 됩니다.

청년은 소득세가
감면된다

중소기업에 취업했다면 꼭 챙겨 봐야 하는 세액공제 제도가 있습니다. 바로 '중소기업 취업자 소득세 감면 제도'입니다. 중소기업 취업자 소득세 감면 제도는 청년의 경우 90퍼센트까지, 경력단절 여성, 장애인, 60세 이상자는 70퍼센트까지 근로소득세를 감면받는 파격적인 세제 혜택입니다. 감면 요건을 갖추면 높은 공제율을 적용받아 세금 부담을 크게 낮출 수 있습니다.

세알못: 감면 대상 여부는 어떻게 확인할 수 있나요?

택스코디: 먼저 청년이라면 '청년'의 기준에 해당하는지 아닌지부터 확인해야 합니다. 중소기업 취업 청년 세액공제는 청년이어야 받을 수 있는 혜택이기 때문입니다.

여기서 '청년'이란 중소기업에 취업한 날을 기준으로 해 만 15세 이상부터 만 34세 이하인 자를 의미합니다. 이 사항에 해당한다면 입사 첫해부터 5년간 소득세 감면 혜택을 받을 수 있습니다. 단, 세법개정에 따라 감면율이 다르게 적용되기 때문에 감면율을 확인해 볼 필요가 있습니다. 예를 들어 2017년 9월에 취업했고 취업 당시 28세였던 청년이라면 2017년 소득분에 대해서는 70퍼센트, 2018년 이후 소득분에 대해서는 90퍼센트를 감면 받을 수 있습니다.

경력단절 여성이 재취업한 경우, 3년간 소득세의 70퍼센트가 감면됩니다. 대상은 해당 중소기업이나 앞의 중소기업과 동일 업종에서 1년 이상 근무한 자, 결혼·임신·출산·육아·자녀 교육의 사유로 퇴직한 자, 퇴직한 날부터 3년 이상 15년 미만인 자, 해당 중소기업의 최대 주주 또는 최대 출자자, 그리고 이들과 특수 관계인이 아닌 자가 속합니다.

60세 이상의 취업자와 장애인도 경력단절 여성과 같이 70퍼센트의 소득세 감면 혜택을 누릴 수 있습니다. 장애인은 대상 요건에 해당하면 나이와 관계없이 소득세 감면 대상입니다.

다만 취업 시기별로 감면율과 한도액이 다르니 확인해 보는 것이 좋습니다. 2014년부터 2015년에 입사한 경우는 소득세의 50퍼센트를 감면받게 되며 한도는 없습니다. 2016년부터 2021년에 입사한 경우는 소득세의 70퍼센트를 감면하며 한도는 150만 원입니다.

감면 혜택 대상에 속한다면 다음으로는 내가 근로하는 회사가 '중소기업'에 속하는지 확인해야 합니다. 이름에서 알 수 있듯 중소기업 취업 청년 세액공제이기 때문에 당연히 중소기업에 취업해야만 감면 혜택을 받을 수 있습니다.

세알못: 여기에서 말하는 중소기업의 기준은 무엇인가요?

택스코디: 중소기업의 기준은 「중소기업기본법」의 정의를 따라야 합니다.

영리법인의 경우 자산총액 5,000억 원 미만이면서 업종별 평균 매출액 이하의 기준에 맞아야 합니다. 예를 들어 숙박이나 음식점업은 평균 매출액 400억 원 이하, 식료품 제조업은 1,000억 원 이하 등으로 기준이 다릅니다. 또 법률, 회계, 세무 등 전문 서비스업이나 병원, 의원 등 보건업, 예술, 스포츠, 공기업 등의 업종은 매출 규모와 무관하게 공제 대상이 아니라는 점도 알아두어야 합니다.

정확한 판단이 어렵다면 자신이 취업한 회사의 재무팀이나 경리 담당자에게 회사가 취업 청년 세액공제 대상에 속하는지 직접 확인하는 것도 하나의 방법입니다.

아울러 놓친 감면 혜택은 세무서에 직접 방문해 경정 청구할 수 있습니다. 이는 이미 퇴사한 경우에도 가능합니다. 현재 재직 중인 회사의 소득에 대한 경정 청구는 회사를 통해 중소기업 취업 청년 소득세 감면을 소급 신청한 후 청구하면 됩니다.

3장.

당신만 모르는 연말정산 절세법,
부양가족공제

소득공제,
이해가 먼저다

'소득공제'란 근로소득자의 과세표준을 계산하는 과정에서 근로소득공제와는 별도로 차감해 주는 항목입니다. 소득이 많은 사람이 세금을 더 많이 내야 한다는 개념을 좀 유식한 표현으로 '수직적 공평'이라고 합니다. 수직적 공평의 관점에서 보았을 때 소득이 더 크다는 것은 단지 벌어들이는 금액이 더 많다는 것만을 의미하는 것은 아닙니다.

같은 소득을 얻더라도 부양가족이 없는 경우와 여러 명을 부양하는 경우는 분명 여유 소득에 차이가 있습니다. 이는 소득이 같더라도 과세 대상이 되는 금액은 달라야 함을 의미합니다. 이런 점을 반영해 만든 제도가 소득공제 제도입니다. 소득공제 제도는 공평한 과세를 실현함과 동시에 조세가 소득 재분배의 기능을 할 수 있도록 합니다. 소득공제에는 다음과 같은 항목이 있습니다.

구분	종류
인적 공제	• 기본공제 • 추가 공제
물적 공제	• 연금보험료공제 • 특별소득공제 (근로소득자만 적용): 건강보험료 등 공제, 주택자금공제 • 주택담보노후연금 이자비용공제(연금소득자만 적용) • 신용카드 등 사용 금액에 대한 소득공제 (근로소득자만 적용) • 기타의 소득공제: 중소기업창업투자조합 출자 등에 대한 공제, 소기업·소상공인 공제부금에 대한 공제 등

위 표에서 구분한 '인적공제'와 '물적공제'는 법률상의 용어는 아닙니다. 소득공제 대상이 사람 개개인에 대한 경우는 인적공제, 일정한 지출에 대한 공제인 경우 물적공제로 편의상 구분한 것입니다.

인적공제는 직장인에게 일정한 부양가족이 있으면 그 가족을 부양하는 데에 지출이 발생하므로 그러한 사정을 감안해 과세 대상 소득을 줄여주자는 취지로 만들어진 제도입니다. 인적공제는 최소한의 면세점(세금을 내지 않는 지점)을 구성함으로써 근로자의 최저 생활을 보장해주는 의미가 있습니다. 다시 말해 부양가족 상황에 따라 같은 소득이라도 세금 납부액을 다르게 함으로써 부담 능력에 따른 세금 납부가 이루어지도록 해줍니다.

물적공제는 일정한 지출을 필요경비와 비슷한 성격으로 인정하여 과세표준 계산 시 공제해 주는 항목입니다. 이는 사회보장 제도를 세금 측면에서 지원하기 위한 장치라고 이해할 수 있습니다.

부양가족은
누구를 말하는 걸까?

세알못: 인적공제에서 꼭 확인해야 할 부분은 무엇인가요?

택스코디: 인적공제는 연말정산 준비의 출발점입니다. 공제 혜택이 크지만, 실수가 잦은 부분이기 때문에 세금이 많이 추징되기도 합니다.

인적공제란 소득이 거의 없고 일정 나이와 요건을 갖춘 가족과 생계를 같이할 때 가족 한 명당 기본 150만 원을 소득공제해 주는 것을 말합니다. 인적공제 사항을 따져볼 때 생계를 같이 하는지, 나이 요건이 되는지, 소득 요건이 되는지, 공제 대상 관계인지 꼼꼼히 확인하는 것이 중요합니다. 다만 소득공제란 말 그대로 소득 자체에서 공제하는 것이므로 직접적으로 150만 원을 전부 세금에서 공제한다는 뜻이 아님을 알아두는 것이 좋습니다.

직장인은 가족을 부양한다는 사실만으로도 일정 금액을 공제하는 혜택을 받습니다. 국가의 복지부담 일부를 근로자가 부양을 통해 대신한다고 보고, 그 비용 일부를 덜어주는 것입니다. 이는 사람에 대한 공제 혜택이므로 인적공제, 즉 '부양가족공제'라고 부릅니다.

기본적으로 근로자가 부양하고 있는 가족은 일정 요건만 갖춘다면 모두 부양가족공제 대상이 될 수 있습니다. 근로자 본인도 공제 대상이며, 배우자, 자녀, 부모, 형제자매는 물론 처남이나 시동생도 공제 대상에 포함될 수 있습니다.

부양가족 요건을 갖추면 기본공제로 1인당 150만 원을 소득공제하고, 기본공제 대상인 부양가족이 장애인(1인당 200만 원)이거나 고령자(1인당 100만 원)이면 추가로 소득공제를 받습니다. 배우자가 없는 여성 근로자는 부녀자공제 50만 원, 배우자 없이 자녀를 키우는 근로자는 한부모공제 100만 원을 추가로 공제받습니다. 하지만 상당수 근로자는 자신이 부양하는 부양가족이 공제 대상인지 알지 못하고 절세의 기회를 놓칩니다.

가장 중요한 요건은 사실상 소득이 거의 없어야 한다는 '소득 요건'입니다. 구체적으로는 부양가족의 연 소득이 100만 원을 넘지 않아야 합니다. 만약 근로소득만 있다면 각종 비과세소득을 제외한 연간 총급여가 500만 원을 넘지 않아야 공제 대상이 됩니다. 물론 근로자 본인은 소득 요건이 없습니다. 간혹 직장인 본인이 모르는 상황에서 부모님이나 자녀가 취업했거나 소득이 발생하는 경우, 과다 공제로 나중에 세금을 추징당할 수 있습니다. 연말정산 전에는 꼭 공제 대상 가족의 소득 유무를 확인하는 것이 필요합니다.

부양가족이 되기 위해서는 같은 집에 살고 있어야 하지만, 부모님 (직계존속)의 경우 꼭 함께 살지 않더라도 용돈을 주기적으로 드리는 등의 방식으로 부양하고 있다면 부양가족으로 인정됩니다. 또 배우자나 자녀(직계비속)는 동거 요건을 갖추지 않더라도 부양가족 공제 대상이 됩니다.

다만 형제자매를 부양하는 경우에는 반드시 주민등록상 동거가 확인돼야 공제를 받을 수 있습니다. 물론 형제자매도 취학이나 질병 요양 등을 위한 일시적인 퇴거를 확인할 수 있다면 공제 대상이 될 수 있습니다.

연말정산 공제 대상이 되는 부양가족은 나이 요건도 갖춰야 합니다. 부모님의 경우 60세가 넘어야 부양가족공제를 받을 수 있고, 자녀는 20세 이하인 경우에만 공제 대상이 됩니다. 이때, 연령 기준은 주민등록상 출생일을 기준으로 합니다.

2022년 근로소득에 대한 연말정산에서는 1962년 12월 31일 이전 출생자인 경우 60세 요건을 갖춘 것으로 인정되고, 자녀는 2002년 1월 1일 이후에 출생한 경우에만 20세 이하로 인정됩니다. 추가 공제 항목 중 고령자에 대한 경로우대 공제는 70세 이상만 대상이 되는데, 이 역시 2022년 소득 연말정산에서는 1952년 12월 31일 이전 출생자가 대상입니다.

> **세알못:** 자영업을 운영하는 아버지와 대학원에 다니는 누나, 고등학교에 다니는 동생과 함께 살고 있습니다. 아버지 수입은 전년도 기준 5,000만 원입니다. 기본공제를 받을 수 있는 금액은 얼마인가요?

앞서 말했듯 부양가족 공제를 받기 위해서는 소득 금액이 100만 원 이하이고 연령 조건을 충족해야 하며 생계를 같이해야 합니다.

아버지는 소득 금액이 100만 원을 초과하므로 제외됩니다. 누나도 20세를 초과하니 제외됩니다. 동생만 공제 대상입니다. 만약 아버지의 소득 금액이 세알못 씨의 소득 금액보다 많다면 아버지가 공제를 받는 편이 더 유리합니다. 실무적으로는 여동생은 아버지가 공제를 받고, 세알못 씨의 경우에는 본인에 대한 기본공제 150만 원만 받는 것이 유리해 보입니다.

매달 연금 받는 부모님, 부양가족으로 넣을 수 있다?

세알못: 국민연금을 받는 부모님도 부양가족공제가 가능한가요?

택스코디: 일반적으로 연말정산 시 기본공제자로 등록할 수 있는 기준은 연간소득 금액 100만 원 이하인데, 연간 노령연금 수령액이 약 516만 원 이하일 때 연금소득공제 416만 원이 차감되어 연금소득 금액은 100만 원으로 계산되어 부양가족 기본공제자로 등록할 수 있습니다.

참고로 2001년 이전 가입 기간에 따른 국민연금 노령연금액은 과세 제외 소득입니다. 따라서 2002년 1월 1일 이후 가입 기간에 낸 연금보험료 몫으로 돌려받는 노령연금과 반환일시금만 과세 대상입니다. 또 비과세소득에 해당하는 장애연금과 유족연금도 과세 기준 금액에서 제외됩니다. 정확한 과세 대상 연금액이 궁금한 사람은 국민연금공단 전자민원서비스나 국민연금 콜센터 (국번없이 1355)에 문의해 확인 가능합니다.

연간소득 금액은 연금소득 외에 근로소득 금액, 사업소득 금액, 기타소득 금액, 이자·배당소득 금액, 퇴직소득 금액, 양도소득 금액까지 포함되기 때문에 이 금액의 총합이 100만 원 이하인지 꼭 확인해야 합니다.

연간환산소득 금액 100만 원 이하 예시는 다음 표와 같습니다.

소득 종류		연간소득 금액 100만 원 이하 예시	비고
종합소득	이자·배당소득	금융소득합계액이 연 2,000만 원 이하 (분리과세된 경우)	
	근로소득	일용근로소득: 분리과세되므로 소득 금액과 관계없이 기본공제 신청 가능, 총급여액 500만 원 이하	
	사업소득	사업소득 금액 100만 원 이하 총수입 금액이 2,000만 원 이하인 주택임대소득(분리과세를 선택한 경우)	
	기타소득	기타소득 금액 300만 원 이하(분리과세를 선택한 경우)	
	연금소득	• 공적연금: 약 516만 원 이하 • 사적연금: 연금 계좌에서 연금 형태로 받는 소득 중 분리과세되는 연금소득(연금소득 1,200만 원 이하) • IRP에 입금되어 과세이연된 퇴직금을 연금으로 수령하는 금액 • 연금계좌에서 의료목적, 천재지변 등 부득이한 사유로 인출하는 금액	• 공적연금: 국민연금, 공무원·군인연금 • 사적연금: 연금저축, 퇴직연금
퇴직소득		퇴직금 100만 원 이하	
양도소득		양도소득 금액 100만 원 이하	

여성이면 추가로 받을 수 있는 공제가 있다?

기본공제 대상자가 다음 조건을 하나라도 만족하면 그 가족으로 인해 해당 공제액이 추가 적용됩니다. 여기서 한부모공제와 부녀자 공제가 동시에 충족된다면 한부모공제만 적용합니다.

구분	요건	공제액
경로 우대자	기본공제 대상자가 만 70세 이상인 경우	1인당 100만 원
장애인	기본공제 대상자가 장애인인 경우	1인당 200만 원
한부모	해당 근로자가 배우자가 없는 자로서 기본공제 대상자인 직계비속 또는 입양자가 있는 경우	연 100만 원
부녀자	해당 과세 기간의 근로소득 금액이 3,000만 원 이하인 근로자가 ①배우자가 없는 여성으로서 부양가족이 있는 세대주이거나 ②배우자가 있는 여성인 경우	연 50만 원

세알못: 75세 장애인 노모를 모시고 있다면 모친으로 인해 받을 수 있는 공제액은 얼마인가요?

택스코디: 위 내용의 해당 사항은 다음과 같습니다.

- 기본공제: 150만 원
- 추가 공제 중 경로우대자공제: 100만 원
- 추가 공제 중 장애인공제: 200만 원
- 합계: 450만 원

형제끼리 서로 합의가 되지 않았거나 다른 형제가 모친을 공제 대상자로 신고한 사실을 모르고 본인도 공제 대상으로 신고해 한 사람이 여러 명의 공제 대상으로 신고되는 경우도 있습니다. 나중에라도 한 명이 양보하고 세금을 좀 더 낸다면 상관없겠지만 형제들이 서로 본인이 모친을 공제 대상자로 인정받겠다고 주장한다면 이때는 법이 나서야 합니다. 이렇게 남보다 못한 형제들, 대화가 없는 부부들을 위해 소득세법에서는 다음과 같이 공제 여부를 판단하도록 정해두었습니다.

①배우자공제와 부양가족공제가 충돌하면 배우자공제가 우선입니다. 예를 들어 근로자 갑이 소득 없는 장애인 자녀 을을 두고 있고,

그 자녀가 비장애인 병과 혼인해 배우자(사위)를 두고 있는 경우, 갑에게는 을이 직계비속으로 공제 대상이 됩니다. 병의 입장에서는 을은 본인의 배우자이므로 배우자공제 대상이 됩니다. 그런데 갑과 사위가 모두 을을 공제 대상 가족으로 신고했을 때에는 을은 사위의 공제 대상 가족으로 보고 갑의 연말정산에서는 공제 대상 가족에서 제외합니다. 즉 배우자에게 소득공제의 우선권을 줍니다.

②둘 이상의 근로자가 한 사람을 공제 대상 부양가족으로 신고한 경우에는 전년도에 부양가족으로 신고된 이를 우선시합니다. 봅니다. 부모가 동시에 한 자녀를 공제 대상 가족으로 신고한 경우가 이에 해당하는데, 이 경우에는 부부 중 작년에 자녀를 공제 대상으로 신고한 사람이 공제를 받을 수 있습니다. 만약 자녀가 올해 태어나서 전년도에 공제 대상으로 신고한 사람이 없는 경우에는 부부 중 연봉이 큰 사람이 자녀를 공제 대상자로 신고할 수 있습니다.

③인적공제 중 추가 공제는 반드시 기본공제를 받은 근로자만이 적용받을 수 있습니다. 장애인인 자녀에 대해서 부부가 모두 소득공제를 받을 수는 없습니다. 따라서 만약 남편이 자녀를 공제 대상 가족으로 신고해 공제받았다면 그 자녀에 대한 장애인공제도 반드시 남편이 받아야 합니다. 한 사람에 대한 기본공제와 추가 공제는 사

이좋게 나눠 적용받을 수가 없습니다.

참고로 연봉은 많지 않은데 부양가족이 많은 경우에는 인적공제의 합계액이 근로소득 금액을 초과해 버릴 수도 있습니다. 초과하는 금액을 내년으로 이월해 공제받을 수 있게 해 준다면 너무 좋겠지만, 세법이 그 정도로 마음이 넓지는 않습니다. 즉 근로소득 금액을 초과하는 인적공제액은 없는 것으로 봅니다. 그리고 만약 부양 기간이 1년 미만인 경우에는 부양한 기간으로 분할해 인적공제를 계산하는 것이 아니라 전액을 공제합니다.

4장.

당신만 모르는 연말정산 절세법,
신용카드 소득공제

신용카드 소득공제,
절약이냐? 절세냐?

'신용카드 등 사용액 소득공제'는 근로자들이 연말정산에서 가장 보편적으로 활용하는 공제 항목입니다. 부양가족도 없고, 교육비나 의료비를 지출하지 않은 근로자일지라도 신용카드를 사용한 일상적인 소비 활동만으로 공제받을 수 있습니다. 하지만 접근하기 쉬우면서도 까다로운 것이 바로 신용카드 등 사용액 소득공제입니다. 남은 연말까지 신용카드를 어떻게 전략적으로 사용하느냐에 따라 연말정산 절세액이 달라질 수 있습니다.

신용카드 등 소득공제는 총 근로소득의 25퍼센트 이상을 신용카드를 통해 사용하면 그 금액을 공제받을 수 있는 혜택입니다. 예를 들어 연봉이 4,000만 원이라면 최저 사용 금액 1,000만 원을 충족해야 공제 대상이 됩니다. 따라서 공제 대상이 되는지 확인하려면 올해 1월부터 사용한 신용카드 소비액을 확인해 보고, 그 금액이 총급여액의 25퍼센트를 넘었는지 먼저 확인해야 합니다.

만약 총급여액의 25퍼센트를 넘게 사용해 기준을 충족했다면 이제 지불 수단에 주목해야 합니다. 지불 수단에 따라서 공제율이 다르기 때문입니다. 체크카드와 현금 사용액의 공제율이 30퍼센트로 가장 크고, 신용카드 사용액은 15퍼센트가 공제됩니다. 신용카드와 체크카드를 같이 사용한다고 하더라도 국세청이 정한 공제 순서에 따라 신용카드 사용액부터 먼저 공제되므로 연봉의 25퍼센트 초과분까지는 신용카드를 사용하고, 남은 기간은 체크카드나 현금을 사용하는 것이 절세에 도움이 됩니다.

또 조심할 점은 연봉이 아니라 '소득'에 대해 공제한다는 점입니다. 연봉은 근로계약서상 월급의 합계로 초과 근무 수당, 상여금 등 연봉 이외의 수딩을 모두 포함하는 소득과는 개념이 다릅니다. 정해진 연봉이 5,000만 원이더라도 소득은 5,500만 원일 수 있습니다. 본인의 소득은 지난해 원천징수 영수증을 통해 확인해 볼 수 있습니다.

세알못: 신용카드 사용 금액이 연봉의 25퍼센트를 넘지 않는다면요?

택스코디: 소득 금액의 25퍼센트를 넘기지 못한 사람은 연말정산을 준비하는 방법에 차이를 두어야 합니다. 어차피 25퍼센트를 넘기지 못할 것 같다면 현금, 체크카드, 신용카드 중 어떤 걸 쓰더라도 공제 대상이 아니므로 차라리 할인 혜택이나 포인트를 많이 주는 카드를 사용하는 것이 좋습니다.

사실 신용카드 소득공제로 큰 절세를 기대하기는 어렵습니다. 총급여가 4,000만 원이라면 일반 신용카드 사용액 기준으로는 3,200만 원어치는 카드로 긁어야 공제 한도(330만 원)를 채울 수 있습니다. 최대 기본 공제액 330만 원에 과세표준 1,200~4,600만 원인 근로자에게 적용되는 소득세율 15퍼센트를 반영하면 대략 50만 원 정도가 절세된다고 할 수 있습니다. 절세액 자체는 상당한 수준이지만, 2,400만 원이라는 카드값을 생각하지 않을 수가 없습니다. 절약과 절세 중 어느 것이 유리한지 생각해 보고 결정합시다.

하지만 상황에 따라 신용카드 사용액 소득공제가 상당한 절세를 가져다줄 수도 있습니다. 소득공제를 통해 과세표준 구간을 바꾸고 이에 따라 적용되는 세율을 뒤집는 경우입니다. 예컨대 과세표준 9,000만 원인 근로자가 280만 원의 신용카드 소득공제로 인해 과세표준을 8,720만 원까지 낮췄다면 적용되는 소득세율을 35퍼센트에서 24퍼센트로 떨어뜨릴 수 있습니다. 무려 11퍼센트나 낮은 세율로 세금을 내게 되는 것입니다.

세알못: 딸이 2020년 3월에 취업했습니다. 딸이 취업하기 전에 사용한 신용카드 사용액을 아버지인 제가 공제를 받을 수 있나요?

이 경우에는 따님의 연간 소득 금액에 따라 공제 여부가 달라집니다. 취업한 자녀의 연간 소득 금액이 100만 원이고 근로소득은 500만 원 이하인 경우에만 부모가 그 금액을 공제받을 수 있습니다.

소득이 없는 성인 자녀가 쓴 체크카드나 현금영수증 발행 금액은 어떨까요? 자녀가 성인이 되어 기본공제 대상자에 해당하지 않더라도 자녀의 소득 금액이 연간 100만 원, 근로소득 500만 원 이하라면 부모가 체크카드, 현금영수증, 신용카드 등 사용 금액을 본인 것에 합산해 공제할 수 있습니다.

다른 가족 구성원의 경우는 어떤지 살펴보겠습니다. 근로자 부모님의 나이가 60세 미만으로 기본공제 대상자에 해당하지 않너라노 마찬가지로 소득 금액이 연간 100만 원이고 근로소득은 500만 원 이하라면 근로자 본인의 신용카드 등 사용 금액에 합산해 공제할 수 있습니다.

하지만 형제자매가 사용한 신용카드 등 사용액은 기본공제 대상자라고 하더라도 소득공제 대상 사용 금액에 포함되지 않습니다.

연봉별로
신용카드 공제액이 다르다

신용 · 직불 · 선불카드, 현금영수증 사용액에 대해 각각 공제율을 적용해 공제 한도까지 소득에서 공제하게 됩니다. 공제 한도는 총급여가 7,000만 원 이하이면 330만 원, 총급여가 7,000만 원 초과 ~1억 2,000만 원 이하이면 280만 원, 총급여 1억 2,000만 원 초과는 230만 원으로 낮아집니다.

또 공제 대상 중 사용액의 종류별로 소득공제율이 다릅니다. 소득공제는 각 종류별 사용액에 다음의 해당 공제율을 곱한 금액이 됩니다.

1. 전통시장 사용 금액, 대중교통 이용분 × 40퍼센트
2. 도서·공연·박물관·미술관 사용 금액 × 30퍼센트
3. 체크카드(직불카드), 현금영수증 사용 금액 × 30퍼센트
4. 신용카드 사용 금액 × 15퍼센트

이처럼 신용카드를 사용했을 때의 공제율이 가장 낮고, 나머지 항목은 모두 신용카드의 두 배 이상 공제를 받을 수 있습니다. 따라서 카드를 써야 한다면 가능한 한 신용카드가 아닌 체크카드를 사용하는 것이 공제 측면에서 훨씬 낫습니다. 현금 결제 후 현금영수증을 발급받는 방법도 좋습니다. 그리고 대중교통 이용 금액이나 전통시장 사용 금액은 신용카드의 교통카드 기능을 사용해 결제한 경우라도 40퍼센트의 공제율이 적용됩니다.

2018년부터 도서 및 공연에 지출한 금액이 신용카드 공제 대상에 포함되었고, 2019년부터 박물관 및 미술관 사용분도 공제 대상에 포함되었습니다. 이와 같은 도서·공연 관련 사용 금액에 대해서는 30퍼센트의 공제율이 적용됩니다. 다만 이러한 사용 금액에 대한 공제는 모든 근로자에게 적용되는 것이 아니라 총급여액이 7,000만 원 이하인 근로자에게만 적용됩니다.

위 내용과 같이 신용카드, 현금영수증 등을 사용하면 1년간 사용한 금액에 해당 공제율을 곱한 금액만큼 소득공제를 받을 수 있습니다.

세알못: 연봉이 4,000만 원인 근로자입니다. 신용카드로 700만 원, 현금영수증으로 700만 원. 이렇게 총 1,400만 원을 사용했습니다. 최저 사용 금액 1,000만 원을 초과했으므로 초과한 400만 원은 소득공제가 적용되는 것으로 아는데, 이 400만 원은 신용카드 사용액과 현금영수증 발급액 중 어떤 것으로 따지는 건가요?

①신용카드를 먼저 사용한 후 현금영수증을 발급한 것으로 가정한 경우

이 경우 신용카드 사용액 700만 원은 모두 최저 사용 금액 이하의 금액이므로 소득공제액이 없습니다. 마찬가지로 그 후 사용된 현금영수증 발급액 중 300만 원도 최저 사용 금액 이하로 공제액이 없습니다. 하지만 나머지 400만 원은 최저 사용 금액을 초과하는 금액이므로 결국 현금영수증 발급액 중 400만 원이 공제 대상 금액이 되죠. 따라서 소득공제액은 120만 원(400만 원×30퍼센트)이 됩니다.

②현금영수증을 먼저 사용한 후 신용카드를 발급한 것으로 가정한 경우

이 경우 현금영수증 발급액 700만 원은 모두 최저 사용 금액 이하의 금액이므로 소득공제액이 없습니다. 마찬가지로 그 후 사용된 신용카드 사용액 중 300만 원도 최저 사용 금액 이하로 공제액이 없습니다. 하지만 나머지 400만 원은 최저 사용 금액을 초과하는 금액이므로 결국 신용카드 사용액 중 400만 원이 공제 대상 금액이 됩니다. 따라서 소득공제액은 60만 원(400만 원×15퍼센트)이 됩니다.

③신용카드 사용액과 현금영수증 발급액이 비슷한 경우

이번에는 최저 사용 금액이 신용카드 사용액과 현금영수증 발급액에서 각각 500만 원씩 골고루 구성된 것으로 볼 수 있습니다. 때문에 소득공제 대상 금액은 신용카드 사용액과 현금영수증 발급액에서 각각 200만 원씩 구성됩니다. 따라서 소득공제액은 90만 원(200만 원×30퍼센트+200만 원×15퍼센트)이 됩니다.

위 세 가지 상황 중 어떤 것이 직장인에게 가장 득이 될까요? ①과 같이 어차피 소득공제를 받지 못하는 최저 사용 금액 이하는 최대한 공제율이 낮은 신용카드 사용 금액으로 구성하고, 최저 사용 금액을 초과하면 최대한 공제율이 높은 항목으로 구성하는 것이 소득공제액을 최대한 늘리는 방법입니다. 세법은 친절하게도 이런 국민들의 바람을 그대로 이루어주고 있습니다. 그래서 근로자가 신용카드나 현금영수증을 사용할 때는 신용카드 사용액을 먼저 사용한 것으로 가정해서 소득공제액을 계산합니다.

이렇게 최저 사용액의 구성은 앞서 신용카드 등 사용액의 종류로 나열한 1~4까지의 항목이 그 순서대로 구성되는 것으로 봅니다. 결국 공제 가능한 금액은 최대한 공제율이 높은 항목으로 구성됩니다.

총급여액이 4,000만 원인 근로자를 예시로 들어 공제액이 어떻게 계산되는지 따져보았습니다. 다음의 예시 1~3을 참고하면 이해가 쉬울 것입니다.

예시 01
- 신용카드 사용분: 1,500만 원
- 최저 사용 금액: 4,000만 원×25퍼센트=1,000만 원
- 소득공제액: 500만 원×15퍼센트=75만 원

예시 02
- 체크카드, 현금영수증, 도서, 공연 사용분: 800만 원
- 신용카드 사용분: 700만 원
- 최저 사용 금액: 4,000만 원×25퍼센트=1,000만 원
- 소득공제액: 500만 원×30퍼센트=150만 원

예시 03
- 전통시장, 대중교통 사용분: 300만 원
- 체크카드, 현금영수증, 도서, 공연 사용분: 500만 원
- 신용카드 사용분: 700만 원
- 최저 사용 금액: 4,000만 원×25퍼센트=1,000만 원
- 소득공제액: 300만 원×40퍼센트+200만 원×30퍼센트=180만 원

위 세 가지 상황을 가정해 살펴보면 결론적으로 신용카드 등 사용액의 합계액은 1,500만 원으로 같지만, 사용액의 구성은 다릅니다. 이때 공제율이 가장 낮은 일반 신용카드 사용액부터 최저 사용

금액을 구성하는 것으로 정함으로써 되도록 공제액이 크도록 계산된다는 사실을 알 수 있습니다. 아울러 똑같은 금액을 사용하더라도 전통시장, 대중교통, 체크카드, 현금영수증 등 공제율이 높은 항목으로 사용하는 것이 공제액 차원에서 유리하다는 사실 또한 확인할 수 있습니다.

이 계산 구조를 통해 우리가 활용해야 할 것이 있습니다. 공제액을 효율적으로 높이는 방법입니다. 1년 중 어느 시점이 되면 그때까지의 신용카드 사용 금액을 대략 확인합니다. 그래서 그 금액이 예상 연봉의 25퍼센트를 넘겼다면 그때부터는 체크카드나 현금영수증을 사용하는 것입니다. 이것이 성공적인 연말정산을 위한 바람직한 지출 습관입니다.

그런데 여기서 추가되는 공제가 또 있습니다. 도서 구입 비용과 공연 · 박물관 · 미술관 입장료(총급여 7,000만 원 이하만 적용)는 기본 30퍼센트를 공제받을 수 있습니다. 전통시장 사용분과 대중교통비는 기본 40퍼센트의 공제율로 각각 100만 원씩 추가 공제 됩니다.

총급여 7,000만 원 이하 직장인 기준으로 일반 공제 한도 330만 원에 도서 · 공연비 100만 원, 전통시장 100만 원, 대중교통비 100만 원의 추가 공제까지 포함하면 최대 630만 원을 소득공제할 수 있게 됩니다.

학원비 신용카드 결제, 추가 소득공제 가능할까?

신용카드는 가장 많이 쓰이는 결제 수단입니다. 신용카드는 많이 사용하는 만큼 그 항목이 다양하므로 연말정산에서 공제 여부에 대한 확인이 필요한 항목들이 있습니다. 신용카드로 결제한 내역 중 어느 범위까지 공제받을 수 있는지, 여러 가지 질문에 답하며 살펴봅시다.

세알못: 회사에 입사하기 전이나 퇴사한 후에 사용한 신용카드 등 사용 금액도 공제 대상인가요?

택스코디: 신용카드 등 사용 금액은 근로 기간 중에 지출한 금액에 대해서만 소득공제가 가능합니다.

세알못: 2022년 11월 30일에 신용카드로 물품을 사고 6개월 할부로 결제했습니다. 이 경우 할부금은 언제 공제 받게 되는 건가요?

택스코디: 신용카드 할부 금액의 경우, 구입 시점을 기준으로 소득공제를 적용합니다. 따라서 2022년 11월 30일에 할부로 구입한 물품 가격은 전액 2023년 연말정산 시 공제를 받을 수 있습니다.

세알못: 학원비를 신용카드로 결제해도 소득공제가 가능한가요?

택스코디: 학원비를 신용카드를 이용하여 결제했다면 해당 금액은 소득공제 대상입니다.

다만, 취학 전 아동의 경우에는 주 1회 이상 월 단위로 교습받는 학원, 일정 체육시설의 교육비를 신용카드로 지출한 경우, 신용카드 소득공제와 교육비 세액공제를 모두 적용받을 수 있습니다.

세알못: 직장인 본인의 신용카드로 회사 경비를 지출한 경우, 근로자는 신용카드 등 사용 금액에 대한 소득공제를 적용받을 수 있나요?

택스코디: 안 됩니다. 회사 경비로 처리되는 신용카드 사용액은 공제 대상에 해당하지 않습니다.

세알못: 신용카드로 자동차를 샀는데 이것도 소득공제가 가능한가요?

택스코디: 취득세 및 등록세가 부과되는 재산의 구입 비용은 신용카드 등 사용 금액에 대한 소득공제 대상에서 제외됩니다.

다만 2017년 이후 중고차 구입 금액의 10퍼센트에 해당하는 금액에 대해서는 신용카드 등 사용 금액 소득공제를 받을 수 있게 되었습니다.

세알못: 유치원이나 어린이집 수업료, 입학금, 보육 비용을 신용카드로 결제했다면 소득공제가 가능한가요?

택스코디: 아쉽지만 안 됩니다. 유아교육법, 초·중등교육법, 고등교육법 또는 특별법에 따른 학교(대학원 포함) 및 영유아교육법에 따른 보육시설에 납부하는 수업료, 입학금, 보육 비용 기타 공납금은 신용카드 등 사용 금액에 대한 소득공제가 불가합니다.

세알못: 도시가스 요금을 신용카드로 결제했는데 신용카드 등 사용 금액에 대한 소득공제를 받을 수 있나요?

택스코디: 도시가스 요금 및 모든 공과금은 신용카드 사용 금액에 대한 소득공제를 적용받을 수 없습니다.

세알못: 하이패스로 결제한 도로 통행료는 연말정산 시 신용카드 등 사용 금액 소득공제 대상이 되나요?

택스코디: 안 됩니다. 정부 및 지방자치단체에 내는 국세, 지방세, 전기료·수도료·가스료·전화료(정보사용료, 인터넷 이용료 등 포함)·관리비·텔레비전시청료(종합유선방송법에 따른 종합유선방송의 이용료 포함) 및 도로 통행료 등은 신용카드 등 사용 금액 소득공제 대상에서 제외됩니다.

세알못: 기부 단체에 신용카드로 기부할 경우 신용카드 등 사용 금액에 대한 소득공제를 받을 수 있나요?

택스코디: 안 됩니다. 기부 단체에 신용카드를 이용해 기부하는 경우, 해당 신용카드 결제 금액은 소득공제 대상이 아닙니다.

세알못: 면세점에서 신용카드로 물품을 산 경우에도 신용카드 등 소득공제 혜택을 받을 수 있나요?

택스코디: 면세점에 지출한 금액에 대해서는 소득공제를 받을 수 없습니다.

2022년 하반기분 대중교통비 공제율 확대된다

계속되는 고물가에 정부가 대중교통비 부담을 덜기 위해 2022년 하반기에 사용한 교통비에 대해 현행 40퍼센트에서 80퍼센트로 공제율을 두 배 높였습니다.

> **세알못:** 경기도에서 서울로 출퇴근하는 직장인입니다. 경기도에서 서울까지 광역버스를 타고 지하철을 한 번 환승해 출근합니다. 광역버스비 2,800원에 환승 요금 400원을 더해 편도 3,200원의 요금이 나옵니다. 해당 공제를 통해 실제로 얼마나 더 환급받을 수 있을까요?

왕복 6,400원의 요금, 주 5일 출퇴근, 한 달에 약 20일을 출근. 위 질문의 조건을 이렇게 정리한다고 가정했을 때, 월 교통비 사용액은 12만 8,000원으로, 연간 약 153만 6,000원을 지출하며 통근하는 것으로 계산됩니다.

경기도에서 서울로 통근하고 연봉 4,500만 원을 받는 직장인이라면 이번 세법 개정을 통해 연 156만 원의 교통비를 사용했을 때 세법개정 전의 소득공제액인 62만 4,000원에 31만 2,000원을 추가 공제받아 총 93만 6,000원의 소득공제가 가능합니다.

다만 대중교통비 소득공제는 세액 자체를 줄여주는 '세액공제'가 아니라 과세표준을 낮추는 '소득공제'이기 때문에 실제 소득에서 각종 공제 사항을 제외하고 나온 과세표준에 소득세율을 곱해야 실제 환급세액을 구할 수 있습니다. 따라선 실제 환급 예상액은 6퍼센트 세율(과세표준 1,200만 원 이하)을 적용하면 5만 6,160원, 15퍼센트 세율(과세표준 4,600만 원 이하)을 적용하면 14만 400원으로 예상됩니다.

해당 공제 혜택은 총급여의 25퍼센트를 초과한 신용카드 등 사용 금액 중 대중교통에 쓴 금액에 대해 최대 100만 원 한도까지 받을 수 있으며, 대중교통 이용 범위는 지하철과 시내·시외버스, 기차 등이 있습니다.

> **세알못:** 박물관·미술관 입장료에 대한 신용카드 등 소득공제는 어떤 경우에 받을 수 있나요?

> **택스코디:** 연봉 7,000만 원 이하인 근로소득자가 2019년 7월 1일 이후 박물관·미술관에 입장하기 위해 지출한 금액이 소득공제되는 것입니다.

참고로 문화비 소득공제 대상에 영화관람료를 포함하는 방안이 2022년 7월 21일 발표된 세법 개정안에 포함됐습니다. 문화비 소득공제는 연간 총급여액이 7,000만 원 이하인 근로소득자가 도서 구입비나 공연관람료, 박물관·미술관 입장료, 신문 구독료 등 문화비로 사용한 금액에 연간 100만 원 한도로 30퍼센트 소득공제 혜택을 주는 제도입니다.

만약 세법개정이 이뤄진다면 2023년 7월부터는 영화 관람객들도 이러한 혜택을 받을 수 있습니다.

세알못: 간편 결제 서비스를 이용해도 소득공제 혜택을 받을 수 있나요?

택스코디: 간편 결제 서비스는 종류가 매우 다양하고, 결제사별로 소득공제 서비스의 제공 여부가 다르므로 이에 대한 공제 가능 여부는 해당 쇼핑몰 또는 간편 결제사에 문의하는 것을 권장합니다.

세알못: 물건을 사고 제로페이로 결제했는데 소득공제 가능한가요?

택스코디: 제로페이 사용 금액은 공제율 30퍼센트를 적용해 신용카드 등 사용 금액 소득공제를 받을 수 있습니다.

세알못: 재난긴급생활지원금으로 지급된 모바일 상품권도 신용카드 등 사용 금액 소득공제에 해당하나요?

택스코디: 재난 긴급 생활비로 지급된 모바일 상품권(실제 명의가 확인되는 것에 한함)은 신용카드 등 사용 금액에 대한 소득공제 대상입니다.

5장.

당신만 모르는 연말정산 절세법,
특별소득공제

국민연금, 건강보험료도 공제가 된다

'공적연금'이란 국가에서 의무적으로 가입하게 하는 연금입니다. 가장 대표적으로 국민연금이 있으며, 그 외에도 공무원연금, 사립학교교직원연금, 군인연금 등이 있습니다. 공적연금은 본인이 직접 납부하는 것이 아니라 급여를 받을 때 급여에서 떼이는 형태로 납부됩니다. 이렇게 근로자가 공적연금으로 낸 보험료는 한도 없이 전액 소득공제가 적용되고 이를 '연금보험료공제'라고 합니다.

직장인은 국민연금 금액의 절반만 본인이 부담하고 나머지 절반은 회사에서 부담합니다. 여기서 소득공제 대상은 회사가 부담해 준 부분은 제외하고 본인이 부담한 연금보험료에만 해당됩니다. 그리고 공적연금이 아닌, 개인적으로 은행이나 보험회사에서 가입하는 연금은 연금보험료공제 대상이 아닌 연금 계좌 세액공제 대상입니다. 참고로 2002년부터 납부한 연금보험료에 대해 전액 소득공제 혜택을 주고, 노후에 연금을 받을 때에 연금소득세를 걷어갑니다.

> **세알못:** 급여에서 떼는 항목에는 세금과 국민연금 외에도 건강보험료(장기요양보험료 포함)와 고용보험료도 있습니다. 국민연금은 전액 소득공제 대상이 되는 것을 확인했는데, 그렇다면 건강보험료나 고용보험료는 어떤가요?

> **택스코디:** 직장인이 근로 기간 중 급여를 받으면서 미리 떼인 건강보험료 또는 고용보험료는 한도 제한 없이 전액 소득공제가 됩니다.

특별소득공제는 근로자가 급여에서 떼이는 건강보험료와 고용보험료, 그리고 법에서 정하는 일정한 주택자금을 지출한 경우에 그 지출 금액에 대해 소득공제를 적용해 주는 것을 말합니다. 연말정산을 할 때 해당 지출에 대해 소득공제 신청을 한 경우에 적용하며, 만약 공제액이 근로소득 금액을 초과하더라도 그 초과액은 다음 해로 이월되지 않고 자동 소멸됩니다.

정리하면 직장인이 급여를 받을 때 떼이는 4대보험료는 그 부담액 전액이 소득공제 혜택의 대상이 됩니다. 국민연금은 '연금보험료공제'의 대상이고, 건강보험료와 고용보험료 부담액은 '보험료공제'의 대상입니다. 산재보험료는 전액 회사가 부담하고 근로자가 부담하는 금액은 없으므로 당연히 소득공제의 대상이 되지 않습니다.

보통 '보험료'라고 하면 보험회사, 은행 등의 금융기관에서 개인의 의사에 따라 가입하는 보험상품의 비용을 생각합니다. 그런데 이런 일반적인 보험료는 소득공제 대상에서 제외됩니다. 일반적인 보험상품 가입에 따른 보험료는 '보험료 세액공제' 대상이기 때문입니다.

무주택자 직장인, 주택청약종합저축 가입은 필수다

　무주택자 직장인이 내 집 마련을 위한 청약통장에 가입하면 소득 공제 혜택을 받을 수 있습니다. 매월 청약통장에 납입하는 금액에 따라 소득공제나 주택청약에서 유불리가 갈릴 수 있습니다. 주택청약종합저축은 청약으로 내 집 마련을 꿈꾸는 무주택 실수요자에게는 필수적인 금융 상품입니다. 월 납입액은 2만 원에서 50만 원 사이에서 자유롭게 선택할 수 있습니다.

　아마 처음 청약통장에 가입하려고 은행에 방문하면 '대부분 그렇게 한다'며 월 납입액을 10만 원으로 하라는 설명을 받을 겁니다. 이는 국민주택(전용 85㎡ 이하 공공분양)의 청약통장 납입 최대 인정 금액이 월 10만 원이기 때문입니다.

　예컨대 1년간 매월 15만 원씩 180만 원을 납입해도 청약 때 인정되는 금액은 120만 원에 그칩니다. 반대로 매월 5만 원씩 넣는다면 당첨에서 불리해질 수 있는데, 전용 $40m^2$ 초과 물량 기준으로 청약에서 경쟁자 발생 시 저축 총액이 많은 사람을 우선 선정하기 때문입니다.

주변을 살펴보면 20만 원씩 넣는 분들도 꽤 많습니다. 이는 청약통장으로 소득공제를 받을 수 있는 최대치에 맞춰진 금액입니다. 주택청약종합저축은 연간 240만 원 한도 내에서 최대 40퍼센트, 그러니까 96만 원까지 소득공제 혜택을 받을 수 있습니다. 240만 원을 초과해 저축했더라도 소득공제 혜택은 96만 원까지만 받을 수 있습니다.

세알못: 직장인 누구나 받을 수 있는 혜택인가요?

택스코디: 청약통장으로 소득공제 혜택을 받으려면 총급여액이 7,000만 원 이하인 근로자여야 하며, 또한 무주택자 세대주여야 합니다. 이를 인정받으려면 연말까지 무주택 확인서를 저축 가입 은행에 제출해야 합니다.

근로소득 7,000만 원 이하인 무주택 근로자를 대상으로 주택청약종합저축 납입액의 40퍼센트를 소득공제하는 혜택은 2022년에도 적용됩니다. 2022년 12월 31일까지 적용하고 폐지될 예정이었지만 법 개정으로 2025년 12월 31일까지 적용 기한이 연장됐습니다.

세알못: 청약저축에 가입할 당시에는 총급여액이 높지 않았는데 그 후 연봉이 올라 총급여액이 7,000만 원을 초과합니다.

택스코디: 2017년 납입분까지는 위 질문과 같은 경우에도 연 납입액 120만 원까지는 소득공제를 적용해 주었지만, 2018년부터는 총급여액이 7,000만 원을 넘으면 그해에는 공제를 받을 수 없습니다.

해당 저축에 납입하다가 중도 해지하게 되면 전액 소득공제를 받을 수 없게 됩니다. 다만 분양 주택에 당첨되어 어쩔 수 없이 해지하는 경우에는 해지 전까지 납입한 금액에 대한 공제가 인정됩니다.

참고로 주택청약종합저축에 가입한 무주택자가 주택마련저축에 대한 소득공제를 적용받기 위해서는 저축을 가입한 금융기관을 통해 무주택 세대주임을 확인하는 무주택 확인서를 발급받아야 합니다. 2022년 급여액에 대한 연말정산 시 소득공제를 적용받으려면 2023년 2월 말까지 무주택 확인서를 발급받으면 됩니다.

전월세보증금 대출 원금과 이자 상환액도 공제받는다

집을 담보로 대출받을 때 원리금 상환 계획을 10년 이상 장기로 설정하는 경우 이자 비용만큼을 소득에서 공제받는 혜택을 누릴 수 있습니다. 연간 납부이자 최대 1,800만 원을 소득에서 공제하는 파격적인 혜택입니다. 이 정책은 서민들의 내 집 마련 지원을 위해 오랫동안 시행되어왔지만, 여전히 모르는 사람이 많습니다. 집값이 너무 높아 대출 없이 집을 사기는 어려운 세상이니 1세대 1주택자에게는 주택담보대출로 갚은 이자만큼을 소득공제하는 혜택을 주는 것입니다.

주택담보대출 이자 소득공제는 당장 빚을 갚을 능력이 없는 사람들을 지원하는 제도이므로 대출 상환 기간이 길수록 더 큰 금액을 소득공제 해 주는 특징이 있습니다. 또 고정금리나 거치 기간(원금을 갚지 않고 이자만 지급하는 기간)이 없는 대출일수록 공제 금액이 큽니다.

상환 기간이 10년 이상이면 연간 납부 이자액에서 300만 원까지 소득에서 공제합니다. 고정금리대출 또는 비거치식 대출 중 하나의 요건을 갖추면 됩니다.

상환 기간 15년 이상인 장기대출은 납부 이자 합계 최대 1,800만 원까지 소득공제해 줍니다. 고정금리이면서 비거치식이면 최대 혜택을 받을 수 있습니다.

15년 이상 장기 상환 대출이지만 고정금리이거나 비거치식 요건 중 하나만 충족한 경우에는 공제 한도가 1,500만 원입니다. 그 밖의 대출은 15년 상환이라 하더라도 공제액은 500만 원으로 줄어듭니다.

이러한 공제 한도는 2015년 1월 1일 이후에 받은 담보대출부터 적용되는 규정입니다. 그 이전에 설정된 담보대출은 시기별로 한도와 요건이 조금씩 다르니 별도의 확인이 필요합니다.

주택담보대출 이자 소득공제는 주거를 지원하는 혜택이기 때문에 1세대 1주택자만 대상이 됩니다. 무주택자가 대출을 끼고 집을 샀거나 1주택자가 사는 집, 혹은 이사 갈 집을 담보로 대출을 받아야 해당합니다.

그런데 1주택이라 하더라도 고가의 주택은 공제 대상이 되지 않습니다. 주택의 취득일 기준으로 기준시가 5억 원 이하인 주택만 공제 대상입니다. 이는 기준시가 기준이기 때문에 실거래가 8억 원 안 팎까지도 포함될 수 있습니다. 비슷한 금액대의 주택을 담보로 대출 받을 때는 공제 신청 전에 꼭 기준시가를 확인할 필요가 있습니다. 과거에는 국민주택 규모(82㎡) 이하라는 면적에 대한 요건도 부합해야 했는데 2014년부터 이러한 면적 요건은 사라졌습니다. 금액 기준도 기준시가 3억 원 이하였다가 2014년부터 4억 원 이하, 2019년부터는 5억 원 이하로 완화되었습니다.

세알못: 기준시가 4억 원인 주택을 시가 7억 원에 사면서 3억 원은 은행에서 대출받았습니다. 고정금리 3.2퍼센트, 20년 만기상환 조건으로 대출받았고, 첫해부터 월 80만 원 정도의 이자를 갚아나가야 합니다. 이 경우에는 얼마나 소득공제 받을 수 있을까요?

택스코디: 다음 해 연말정산에서 지난 1년 치 이자 960만 원 정도를 소득공제 받을 수 있을 것입니다.

공동명의 주택의 경우에는 어떨까요? 공동명의로 주택을 취득했더라도 장기주택저당차입금 이자 상환액 공제 대상의 주택 가격을 명의자 수대로 나누지는 않습니다. 공동명의 여부와 관계없이 취득 당시 기준시가 5억 원 이하인 주택이 공제 대상입니다.

주택 명의자와 대출 명의자가 다른 경우도 더러 있습니다. 하지만 근로자 본인 명의 주택에 본인 명의로 차입한 대출의 이자 상환액이 소득공제 대상입니다. 부부 사이라도 차입자와 주택의 소유자가 다르면 공제를 받을 수 없습니다. 다만 부부 공동명의 주택이지만 대출은 근로자 본인 명의라면 이자 상환액 전액을 공제받을 수 있습니다. 만약 공동명의 주택에 공동명의 대출이라면 근로자가 부담하는 채무 분담 비율만큼만 공제됩니다.

세알못: 집을 산 이후에 공시 가격이 5억 원으로 오르면 어떻게 되나요?

택스코디: 주택담보대출 이자 상환액 공제 대상 주택의 가격 기준은 취득일 당시 기준시가(주택 공시 가격)를 기준으로 합니다. 따라서 취득 당시 요건에 부합한다면 이후 공시 가격이 오르더라도 공제에 영향을 주지 않습니다. 공시 가격이 없던 주택(예를 들어 신축)을 담보로 대출받으면 차입(대출 실행)일 이후 최초로 공시된 가격이 기준입니다.

기존 담보대출을 승계하는 조건으로 집을 샀다면 어떨까요? 주택의 이전 소유자가 저당권을 설정하고 차입한 장기주택저당차입금 채무를 주택 취득과 함께 인수할 때도 이자 상환액에 대한 소득공제를 받을 수 있습니다. 이때에는 이전 소유자가 해당 차입금을 최초로 차입한 날을 기준으로 상환 기간을 계산합니다.

장기주택저당차입금 이자상환액 소득공제는 차입금 상환 기간을 10년 이상 또는 15년 이상 장기인 경우를 요건으로 하고 있습니다. 따라서 장기 상환으로 받은 대출을 중도에 갚은 경우, 즉 요건을 충족하지 못하게 된 경우에는 소득공제가 불가능합니다. 중도 상환 이전 연도에 받은 소득공제는 상관없으나 중도 상환 해당 연도에 지급한 이자에 대한 소득공제는 받을 수 없습니다.

세알못: 주거용 오피스텔을 담보로 대출을 받은 경우는요?

택스코디: 오피스텔은 건축법상 업무시설이며, 주택법상 주택에 해당하지 않습니다. 따라서 오피스텔 차입금의 이자 상환액은 소득공제 대상이 아닙니다. 다만 오피스텔도 전세 보증금에 대한 대출(주택 임차차입금) 상환액 공제 대상이 될 수 있으며, 월세 세액공제도 가능합니다.

세알못: 집을 산 지 1년이 지나 담보대출을 받았는데 공제받을 수 있을까요?

택스코디: 취득등기 후 3개월 이내에 담보대출을 실행해야만 공제받을 수 있습니다. 주택소유권 이전등기나 보존등기일로부터 3개월 이내에 차입한 장기주택저당차입금이 공제 대상입니다. 단, 2000년 10월 31일 이전 차입금에는 3개월 요건이 적용되지 않습니다.

세알못: 이자가 연체된 경우에는 어떡하나요?

택스코디: 상황에 따라 담보대출 이자를 당겨서 먼저 상환하거나 연체할 때도 있습니다. 이런 경우에는 이자를 지급한 연도에 소득공제를 받아야 합니다. 2022년 12월에 지급해야 할 이자를 2023년 1월에 지급했다면 해당 이자는 2023년 소득에 대한 연말정산 때 소득공제를 받아야 합니다.

살펴본 것처럼 무주택자 직장인이 주택 마련을 위해 저축(주택청약종합저축은 연 240만 원 한도)을 하는 경우 이외에도 주택임차용 차입금 원리금(개인차입금 포함)을 상환하는 경우, 장기주택 저당차입금의 이자를 지급해도 다음과 같이 소득공제가 됩니다. 다만 다음의 내용 중 ③의 경우에는 세대주가 주택자금 공제를 받지 않으면 근로소득이 있고 공제 요건을 갖춘(주택 명의와 차입 명의가 본인이어야 함) 세대원이 대신 공제받을 수 있습니다. 이때 세대주에 대해서는 실제 거주 여부와 관계없이 적용하고, 세대주가 아닌 세대원은 해당 주택에 실제 거주하는 경우에만 적용합니다. 또 세대 구성원이 보유한 주택을 포함해 과세 기간 종료일 현재 2주택 이상을 보유한 경우에는 적용되지 않습니다.

①청약저축 공제: 저축액×40퍼센트(240만 원 한도)
②주택임차차입금 원리금 상환 공제: 원리금 상환액×40퍼센트
  *400만 원 한도, 2022년 전·월세 보증금 대출 상환액부터 적용되기 때문에 2023년 초 연말정산에서 절세 효과를 누릴 수 있습니다.
③장기주택 저당차입금 이자 상환 공제, 이자 상환액
  *한도 500만 원, 단 만기 15년 이상인 차입금의 70퍼센트 이상을 고정금리로 지급하거나 비거치식으로 분할 상환하는 경우는 1,800만 원, 만기 10년 이상이면 300만 원.

● 주택자금 공제 종합(①+②+③) 한도=400만 원~1,800만 원

주택자금 공제는 위의 각 항목별로 공제하되 모든 항목에 대한 공제가 최대 1,800만 원을 넘지 못하도록 하고 있습니다. 실무적으로 유의해 이를 적용해야 합니다.

6장.

당신만 모르는 연말정산 절세법,
자녀세액공제

성인이 되지 않은
자녀가 있다면

직장인이 기본공제 대상자에 해당하는 자녀를 두고 있으면 앞서 살펴본 인적공제와 같은 기본적인 소득공제가 적용됨은 물론이고, 추가로 지금부터 살펴보는 자녀세액공제 혜택까지 주어집니다. 이 혜택은 소득공제와 동일하게 자녀는 물론 위탁 아동과 입양 자녀도 그 대상에 포함됩니다. 여기서 자녀란 '기본공제 대상자인 자녀'를 말하기 때문에 당연히 소득 요건과 연령 요건을 충족해야 합니다. 그런 자녀가 있는 경우에는 다음과 같이 세액공제액을 계산해 연말정산 시 환급세액에 가산하거나 납부세액에 차감하게 됩니다.

7세 이상 기본공제 대상 자녀 수	세액 공제액
1명	연 15만 원
2명	연 30만 원
3명 이상	연 30만 원 + 3명부터는 1명당 연 30만 원

7세 이상인 기본공제 대상자인 자녀가 1명이면 15만 원, 2명이면 30만 원으로 환급세액이 오르고, 3명부터는 1명당 30만 원씩 오릅니다. 대상자인 자녀가 3명, 4명, 5명이 되면 60만 원, 90만 원, 120만 원으로 환급세액이 늘어납니다. 기본공제 대상자에 해당하는 자녀 5명을 둔 사람은 매년 120만 원의 세금을 무조건 공제받습니다. 게다가 그 자녀 5명으로 인하여 받게 되는 소득공제(인적공제)가 기본적으로 750만 원이니 절세 효과가 실로 대단합니다.

세알못: 만약 5명의 자녀 중 첫째 자녀가 성인이 되어 만 20세를 넘으면 공제 내용이 바뀌나요?

택스코디: 공제 대상 자녀가 4명으로 줄어든 것이므로 세액공제는 90만 원으로, 소득공제는 600만 원으로 줄어듭니다.

참고로 2018년부터 보편적 아동수당 도입으로 6세 미만의 자녀를 둔 대부분의 가정에서 자녀 1명당 월 10만 원의 아동수당을 받게 되었습니다. 이에 따른 중복 지원을 정비하기 위해 2018년부터 6세 이하 자녀에 대한 세액공제가 폐지되었습니다.

위와 같은 변화에 따라 기본공제 대상자인 자녀 둘째까지 1인당 15만 원, 셋째부터 1인당 30만 원의 세액공제를 적용해 주는 자녀세액공제 역시 그 내용을 조금 수정했습니다. 2019년부터는 '아동수당 지급 대상에서 제외되는 7세 이상 자녀'에 대해서만 자녀세액공제가 적용됩니다. 다만 7세 미만의 취학 아동은 공제 대상에 포함됩니다.

정리하면 2019년부터는 7세 이상 20세 이하인 자녀가 자녀세액공제 대상이 됩니다. 7세 미만 자녀의 경우 자녀세액공제와 자녀 2인 이상 시의 추가세액공제가 모두 사라지긴 했지만 매월 10만 원의 아동수당을 받으면 사실상 세액공제보다 금전적으로 혜택이 더 커지는 것입니다.

출산 시 세금이
줄어든다

심각한 저출산 문제로 100년 후에는 우리나라 인구가 반토막 난다고 합니다. 국가는 이 문제의 심각성을 인지하고 세법에 출산에 대한 지원 제도를 마련했습니다. 자녀를 출산한 해에는 출산 비용과 산후조리 비용 등을 지출하게 되고, 뿐만 아니라 양육 비용이라는 평생 짊어져야 하는 추가적인 부담이 시작됩니다. 그런 이유로 출산한 해에는 별도의 세액공제를 추가해 주고 있습니다.

구분	세액공제액	
	공제 대상 자녀	세액공제액
해당 과세 기간에 출생 · 입양 신고한 공제 대상 자녀가 있는 경우	첫째	연 30만 원
	둘째	연 50만 원
	셋째 이상	연 70만 원

출산한 해에는 출산한 자녀에 대해 세액공제가 추가됩니다. 다자

녀일수록 공제 혜택이 누진적으로 커지는데 첫째 출산 시에는 30만 원, 둘째는 50만 원, 셋째부터는 70만 원의 세액공제가 적용됩니다.

> **세알못:** 연봉 7,000만 원인 직장인입니다. 올해 세쌍둥이를 출산했는데 세금이 얼마나 감면될까요?

> **택스코디:** 세쌍둥이라니! 축하드립니다. 이 경우 연말정산 추가 절세액(추가환급액)은 생각만 해도 짜릿합니다. 다음의 설명을 참고하시길 바랍니다. (세율은 24퍼센트 적용한다고 가정했습니다.)

①소득공제(인적공제) 150만 원×3명 = 450만 원
  →세금 감소액: 450만 원×24퍼센트=108만 원
②자녀세액공제
  • 기본세액공제: 60만 원(15만 원+15만 원+30만 원)
  • 출산세액공제: 150만 원(30만 원+50만 원+70만 원)

따라서 절세액 합계는 318만 원(108만 원+60만 원+150만 원)입니다. 여기에 지방소득세 31만 8,000원(소득세×10퍼센트)을 추가하면 총 349만 8,000원의 절세 효과를 얻을 수 있습니다.

참고로 근로소득이 있는 젊은 할아버지, 할머니는 손주를 자녀세액공제 대상으로 삼을 수 없습니다. 물론 부양가족에 대해 적용받

는 소득공제(기본공제)는 손자나 손녀도 공제 대상자로 신청 가능합니다. 공제 대상에 '직계비속'이라고 되어 있지 '자녀'라고 되어 있지는 않기 때문입니다. 하지만 자녀세액공제는 말 그대로 '자녀'세액공제입니다. 때문에 직계비속 중에서도 반드시 '자녀'에 대해서만 적용받을 수 있습니다.

7장.

당신만 모르는 연말정산 절세법,
의료비 세액공제

지출한 모든 의료비가
세액공제 되는 것은 아니다

의료비 세액공제는 소득이나 나이 제한 없이 직장인이 지출한 의료비(진찰료나 의약품비 등)에 대해 공제해 주는 제도입니다. 의료비 지출액이 총급여액의 3퍼센트를 초과했을 때 공제하며 한도는 연 700만 원입니다. 단 2004년부터 본인, 경로우대자 및 장애인을 위해서 지출한 금액에 대해서는 한도가 없습니다.

세알못: 연봉이 3,000만 원인 직장인이 200만 원을 의료비로 지출했다면 의료비 세액공제액은 얼마인가요? 영수증은 의료 기관과 약국에서 미리 발급해두었습니다.

택스코디: 다음과 같이 계산할 수 있습니다.

- 공제 대상 의료비: 200만 원-(3,000만 원×3퍼센트)=110만 원
- 세액공제액: 110만 원×15퍼센트=165,000원

세알못: 의료비 공제 시 연령 및 소득에 제한이 없다는 건 무슨 뜻인가요?

택스코디: 이는 연령이나 소득 금액 요건을 충족하지 못해 기본공제를 적용받지 못하더라도 생계를 같이 하는 부양가족을 위해 지출한 의료비는 세액공제를 받을 수 있다는 말입니다.

그렇다면 소득, 연령 요건을 충족하지 못하는 부모님을 위해 지출한 의료비는 공제 가능할까요? 함께 사는 부모님의 연간 환산 소득 금액이 100만 원을 초과하거나 부모님 연세가 60세 미만이어서 기본공제를 받지 못하더라도 근로자가 부모님 의료비를 지출했다면 의료비 공제가 가능합니다.

따로 살고 계신 부모님을 위해 쓴 의료비는 어떨까요? 주거 형편상 부모님과 따로 살지만, 실제로 생계를 같이 하고 있다면 나이, 소득 요건을 충족하지 않아도 부모님을 위해 지출한 의료비는 공제 가능합니다. 단, 부모님이 다른 사람의 기본공제 대상자이면 안 됩니다.

마찬가지로 주민등록표상 주소지에 같이 거주하면서 생계를 같이 하는 형제자매의 의료비를 근로자가 지출했다면, 형제자매의 나이, 소득과 상관없이 의료비 공제가 가능합니다. 이때 취학, 질병의 요양, 근무상, 사업상의 사정으로 인해 일시적으로 별거 중인 경우에도 생계를 같이 하는 것으로 판단해 공제 가능합니다.

취업 전 또는 퇴직 후 지출한 의료비는 공제받을 수 없습니다. 의료비는 근로 제공 기간 동안 지출한 비용에 대해서만 공제받을 수 있습니다. 따라서 취업 전 또는 퇴직 후에 지출한 의료비는 공제받을 수 없습니다.

반면 휴직 기간에 지출한 의료비는 세액공제 대상입니다. 근로 제공 기간에는 휴직 기간도 포함되기 때문입니다.

세알못: 자녀가 2020년 3월에 취업했습니다. 자녀가 취업하기 전 자녀를 위해 지출한 의료비는 부모가 공제받을 수 있나요?

택스코디: 취업 전까지 지출한 의료비는 세액공제 가능합니다.

세알못: 본인, 장애인, 65세 이상인 자의 의료비, 난임 시술비, 건강보험 산정특례자(중증질환, 희귀난치성 질환, 결핵으로 건강보험 산정특례대상자로 등록된 자)는 전액 세액공제를 받을 수 있는 건가요?

택스코디: 먼저 세알못 씨가 나열한 것은 한도 없이 공제 가능한 경우의 조건입니다. 무조건 전액 세액 공제되는 것은 아닙니다. 의료비가 총급여액의 3퍼센트에 못 미치는 경우 그 차액을 뺀 후의 금액을 공제받게 됩니다. 즉, 한도 금액 없이 공제할 수는 있으나 총급여액의 3퍼센트를 차감하는 계산 구조로 전액 공제되지 않을 때도 있을 수 있습니다.

다양한 의료비 세액공제 대상 사례

성형수술이나 보약 등 치료 목적이 아닌 데에 쓰인 의료비는 의료비 세액공제 대상이 아닙니다. (단, 신용카드 소득공제는 적용됩니다.) 그러나 치아 보철에 드는 비용, 라식 수술 비용, 시력 보정용 안경(콘택트렌즈 포함) 구입 비용(50만 원 한도), 기타 의사 처방 등에 따른 의료 기기 구입 및 대여 비용 등은 치료 목적이므로 의료비 세액공제 대상입니다.

난임 부부가 임신을 위해 지출한 의료비는 총급여액의 3퍼센트 초과분에 대해 700만 원을 한도(본인, 65세 이상자, 장애인, 건강보험 산정 특례 대상자로 등록된 자는 한도 없음)로 지출액의 15퍼센트를 세액공제합니다. 단, 난임 부부가 임신을 위해 지출하는 체외수정 시술비는 700만 원 한도를 적용하지 않고 지출액의 20퍼센트를 산출세액에서 공제합니다.

> **세알못: 산후조리 비용도 공제가 되나요?**
>
> **택스코디:** 2019년부터 지출한 산후조리원 비용에 대해 직장인(연봉 7,000만 원 이하)은 200만 원 한도 내에서 의료비 세액공제를 적용받을 수 있습니다. 만약 200만 원을 지출했다면 30만 원(200만 원×15퍼센트)이 세액공제됩니다.

산후조리원 비용에 대해 의료비 세액공제를 받기 위해서는 의료비 지급명세서에 산후조리원이 발행한 소득공제 증명 서류(영수증)를 첨부해 원천징수의무자에게 제출해야 합니다.

이 공제 내용은 쌍둥이를 출산했을 때에도 똑같이 적용됩니다. 쌍둥이를 출산했더라도 출산 횟수는 1회로 보아 공제 대상 의료비에 포함되는 산후조리원 비용 역시 동일하게 200만 원을 한도로 합니다.

아이를 유산해 산후조리원을 이용했다면 그 비용은 공제 대상 의료비에 포함되지 않습니다.

> **세알못: 아버지께서 사망하신 경우, 그에 관련해 사용한 치료 및 장례 비용을 의료비 세액공제를 받을 수 있나요?**
>
> **택스코디:** 부양가족이 과세 기간 종료일(12월 31일) 전에 사망한 경우, 사망일 전날을 기준으로 기본공제 대상자(연령 및 소득 금액 제한 없음)를 위해 지출한 의료비에 대해서는 의료비 세액공제를 받을 수 있습니다. 단, 장례비로 지출한 금액은 의료비 세액공제 대상에서 제외합니다.

세알못: 건강검진 비용을 의료비 세액공제 받을 수 있나요?

택스코디: 의료비 세액공제 대상은 진찰, 치료, 질병의 예방을 위해 의료 기관에 지급한 비용이며, 건강진단 비용도 이에 해당합니다.

세알못: 어머니께서 의안을 구입하셨는데 이것도 의료비 세액공제 대상에 해당하나요?

택스코디: 의안은 의료 기기에 해당하므로 의사 처방에 따라 구입했다면 세액공제 받을 수 있습니다.

세알못: 보철, 틀니, 스케일링, 치열 교정 비용도 의료비 세액공제 대상에 해당하나요?

택스코디: 의료 기관에 지출한 보철, 틀니 및 스케일링 비용은 의료비 공제 가능합니다. 하지만 치열 교정 비용은 '저작기능장애' 진단서가 첨부된 경우에만 의료비 세액공제 가능합니다.

세알못: 어머니께서 요양원에 입원하셨습니다. 이때 발생한 요양 비용은 의료비 공제에 해당하나요?

택스코디: 장기요양급여에 대한 비용으로 실제 지출한 본인 일부 부담금 은 의료비 세액공제를 받을 수 있습니다.

세알못: 약국에서 구입하는 의약품은 전부 의료비 세액공제 대상인가요?

택스코디: 전부는 아닙니다. 의약품이 아닌 건강기능식품의 구입 비용은 공제 대상에서 제외됩니다.

세알못: 입원 중 발생한 환자 식대도 의료비 세액공제 대상이 되나요?

택스코디: 식대가 의료비에 포함되어 의료 기관에 납부되었다면 의료비 세액공제를 받을 수 있습니다.

세알못: 간병비도 의료비 세액공제 대상인가요?

택스코디: 간병비는 의료비 세액공제 적용 대상이 아닙니다.

세알못: 외국에 있는 병원에서 치료를 받았는데 의료비 세액공제를 받을 수 있나요?

택스코디: 안 됩니다. 외국에 소재한 병원은 의료법에 따른 의료 기관이 아니므로 공제 대상에 해당하지 않습니다.

세알못: 진단서 발급 비용도 의료비 세액공제가 되나요?

택스코디: 의료 기관의 진단서 발급 비용은 의료비 세액공제 대상에 해당하지 않습니다.

8장.

당신만 모르는 연말정산 절세법,
교육비 세액공제

교육비는
얼마나 공제받을 수 있을까?

　직장인이 본인과 부양가족을 위해 교육비를 지출하면 그 비용에 대한 세액공제 혜택을 받을 수 있습니다. 하지만 조금 안타까운 것은 사교육비에 대한 혜택은 거의 없다는 사실입니다.

　교육비 세액공제액 다른 세액공제와 마찬가지로 교육비 지출에 대한 세액공제 대상 금액을 계산한 후, 그 금액에 교육비 세액공제율을 곱해 세액공제액을 계산합니다. 교육비 세액공제는 의료비처럼 별도의 계산 구조가 있는 것은 아닙니다. 지출 항목별로 이것은 공제 가능, 이것은 공제 불가능, 이런 식의 판단만 내리면 됩니다. 그렇게 공제 가능한 교육비로 판단된 금액의 합계액이 교육비의 세액공제 혜택을 받을 수 있는 공제 대상 금액이 됩니다.

　다만 교육비 지출 대상 가족 1인당 공제받을 수 있는 한도액이 정해져 있습니다. 중 · 고등학생의 경우 1인당 300만 원이 교육비 공제 대상 한도 금액입니다. 중고생 자녀가 2명인 근로자의 경우, 자녀 1

명당 300만 원(총 600만 원)까지 교육비 지출에 대한 세액공제를 적용받을 수 있습니다.

세알못: 대상별 세액공제 가능 교육비 내역을 알려주세요.

택스코디: 다음과 같습니다.

대상	공제 대상 교육비	한도
지잡인 본인	• 학교에 지급한 교육비 • 대학교(전공대학, 원격대학 및 학위 취득 과정 포함) 또는 대학원 1학기 이상에 해당하는 교육 과정과 시간제 과정에 지급하는 교육비 • 근로자직업능력 개발법에 따른 직업능력 개발 훈련 시설에서 실시하는 직업능력 개발 훈련을 위해 지급한 수강료 *다만 근로자가 직업능력 개발을 위한 지원금을 받는 경우, 이 금액을 제외함 • 든든학자금 및 일반상환학자금대출 등의 원리금 상환액	없음
기본공제 대상자인 배우자 직계비속 형제자매 입양자 및 위탁 아동	• 학교에 지급한 교육비와 보육시설에 지급한 교육비 중 한도 내의 금액(대학원 교육비는 공제 대상에서 제외) ①취학 전 아동, 초 · 중 · 고등학생 ②대학생	①의 경우: 1인당 연 300만 원 ②의 경우: 1인당 연 900만 원
기본공제 대상자인 장애인	• 장애인의 재활교육을 위해 사회복지시설 및 비영리법인에 지출한 비용(외국에 있는 시설 또는 법인에 지출한 것도 포함) • 과세 기간 종료일 기준 18세 미만인 기본공제 대상자 장애인의 기능향상과 행동 발달을 위해 발달 재활 서비스 제공 기관에 지출한 비용	없음

대학생 가족을 위한 교육비도 공제 대상입니다. 아무래도 대학교 등록금이 비싸므로 1인당 한도도 900만 원으로 비교적 큽니다.

그런데 교육비 공제 대상 가족은 기본공제 대상자인 직계비속으로 되어 있습니다. 대학생은 대부분 만 20세가 넘었을 텐데 기본공제 대상자라고 제한해 놓고 대학교 등록금은 공제해 준다는 게 앞뒤가 맞지 않는 듯 보이기도 합니다. 때문에 교육비 공제 대상 가족을 판단할 때는 나이를 따지지 않습니다. 따라서 대학생 자녀가 20세가 넘어 기본공제는 적용받지 못하더라도 그 자녀를 위한 대학교 등록금은 세액공제 대상이 됩니다.

하지만 자녀에게 소득이 있다면 말이 달라집니다. 세법은 돈 버는 자녀의 등록금까지 부모가 대신 내줄 필요는 없다고 생각합니다. 그래서 나이는 따지지 않아도 소득 요건은 따집니다. 나이와 소득을 모두 따지지 않는 의료비 공제와 차이가 있으니 주의해야 합니다.

어린이집 보육비부터 대학교 등록금까지는 부양가족에 대한 지출액이 모두 공제 대상이 되지만, 부양가족의 대학원 등록금은 공제 대상에서 제외됩니다. 대학원 등록금은 본인의 등록금만 공제 대상이 된다는 사실을 기억합시다. 대학원의 경우 일반적으로 정규 석사과정, 박사 과정이 있지만, 1~2학기로 구성된 전문가 과정, 최고경

영자 과정, 전략 과정 등 다양한 교육 과정이 있습니다. 이 역시 대학원생 본인인 경우에만 대학원 등록금에 포함해 공제 대상으로 인정합니다.

앞서 표를 통해 알아본 바와 같이 일반적인 교육비는 본인과 가족 중 배우자, 직계비속, 형제자매를 위한 교육비만 인정됩니다. 다시 말해 직계존속을 위한 교육비는 공제 대상에 포함되지 않습니다. 다만 맨 아랫줄에 나와 있는 장애인을 위한 교육비는 이에 해당하는 장애인 가족이 직계존속이더라도 공제를 적용받을 수 있습니다. 그리고 가족 중 장애인을 위해 지출한 교육비는 그 장애인 가족의 나이를 따지지 않음은 물론이고, 소득도 따지지 않고, 한도도 없이 공제 대상에 포함해 줍니다.

통학버스비, 기숙사 비용도 공제 가능할까?

각종 교육기관에 지출하는 교육비는 교육기관의 종류만큼이나 다양합니다. 흔히 말하는 등록금부터 교재비, 기숙사비, 심지어 통학 버스 이용료까지 수많은 명목으로 지출됩니다. 이 모든 지출액에 세액공제 혜택을 받으면 정말 좋겠지만, 안타깝게도 그렇지 않습니다.

공제 여부를 가리는 데에는 특별한 기준이 있는 것은 아니므로 무작정 외우는 수밖에 없습니다. 모두 달달 외울 수는 없겠지만 금액의 비중, 지출 빈도 등을 고려해 중요하다고 생각되는 항목만이라도 기억해뒀다가 관련 증빙서류를 챙기는 것이 좋습니다. 교육비의 구체적인 내용별로 공제가 가능한 항목, 공제되지 않는 항목을 구분하면 다음과 같습니다.

①공제 가능한 교육비
- 수업료, 입학금, 보육 비용, 수강료 및 그 밖의 공납금
- 학교급식법, 유아교육법, 영유아보육법 등에 따른 급식을 하는 학교, 유치원, 어린이집, 학원 및 체육시설(초등학교 취학 전 아동의 경우만 해당)에 지급한 급식비
- 학교에서 구입한 교과서 대금(초·중·고등학교 학생만 해당)
- 교복 구입 비용(중·고등학교 학생만 해당하며, 학생 1명당 연 50만 원 한도)
- 다음 학교 등에서 실시하는 방과 후 학교나 방과 후 과정 등의 수업료 및 특별활동비(학교 등에서 구입한 도서비와 학교 외에서 구입한 초·중·고등학교의 방과후 학교 수업용 도서비를 포함)
  −초·중등교육법에 따른 학교, 유아교육법에 따른 유치원, 영유아보육법에 따른 어린이집, 학원 및 체육시설(취학 전 아동만 해당)
- 초·중·고·특수학교에서 교육과정으로 실시하는 현장체험학습에 지출한 비용(학생 1명당 연 30만 원 한도)

②공제 불가능한 교육비
- 다음 학자금으로서 소득세 또는 증여세가 비과세되는 수업료
  − 근로복지기본법에 따른 사내근로복지기금으로부터 받은 장학금 등, 재학 중인 학교로부터 받은 장학금 등, 근로자인 학생이 직장으로부터 받은 장학금 등, 그 밖에 각종 단체로부터 받은 장학금 등
- 방과후 학교 등에서 구입하는 재료 구입비
- 야외활동비
- 통학버스비, 기숙사비

이 중 몇 가지만 살펴봅시다. 물론 대학생의 경우 당연히 교과서 대금은 공제 불가능하고, 교복 구입비는 중학생과 고등학생만 학생

1인당 50만 원 한도로 공제 대상이 됩니다. 교복을 입는 초등학교도 더러 있지만, 초등학교 교복 구입비는 공제 불가능하다는 점을 기억합시다.

방과 후 교실의 경우 수업료뿐 아니라 교재 구입비도 공제 대상으로 인정되며 학교 밖에서 구입한 교재비도 공제받을 수 있습니다. 특별활동비로 별도 지출하는 비용도 공제 대상이 되고, 야외 현장학습비의 경우 기존에는 공제 대상이 아니었지만 2017년부터 공제 대상에 포함되었습니다. 다만 초 · 중 · 고등학교와 특수학교에서 실시하는 현장학습이 그 대상이며, 학생 1인당 연 30만 원까지만 공제 대상입니다.

참고로 등록금이나 급식비 등과 같이 학교에 공식적으로 지급하는 교육비가 아닌 교복 구입비, 학교 밖의 교재 구입비 등은 국세청 홈택스 연말정산 간소화 서비스를 통해 공제 자료를 조회할 수 없습니다. 따라서 해당 지출에 대해서는 시간이 지나면 잊어버릴 수도 있고, 언제 지출한 것인지 헷갈릴 수도 있으니 지출 당시에 바로 세액공제용 영수증을 발급해 달라고 요청하는 것이 공제를 잊지 않고 적용받는 기본적인 팁입니다.

교육비 세액공제 금액은 얼마인가?

교육비 공제 대상을 구분하고 각 공제 대상 부양가족별 지출액을 합산한 금액이 인당 한도 내의 금액이라면 전액이 공제 대상 금액이 되고, 한도를 초과하면 한도액까지만 공제 대상 금액이 됩니다. 한도는 근로자별 한도가 아니라 교육비 지출 대상이 되는 가족 1인당 한도입니다. 그렇게 계산된 공제 대상 금액에 15퍼센트를 곱한 금액이 세액공제액이 되어 환급액을 그만큼 늘려줍니다.

공제 대상 금액×15퍼센트=교육비 세액공제액

세알못: 제 대학원 교육비 1,150만 원, 대학생 자녀 교육비 850만 원, 그리고 중학생 자녀 교육비 380만 원을 지출했습니다. 이때 세액공제되는 금액은 얼마인가요?

택스코디: 다음과 같습니다.

공제 대상자	교육비 지출액	공제 대상 금액
중학생 자녀	380만 원	300만 원
대학생 자녀	850만 원	850만 원
근로자 본인	1,150만 원	1,150만 원

여기서 세액공제액을 계산하면 345만 원이 됩니다.

(300만 원+850만 원+1,150만 원)×15퍼센트=345만 원

참고로 2023년부터는 대학 입학 전형료와 수능 응시료도 세액공제 대상이 됩니다. 2023년 1월 1일 이후에 지출하는 분부터 적용되기 때문에 2022년 수시 입학 전형료나 수능 응시료는 아쉽게도 혜택이 없지만, 2023년 초 정시 입학 전형료를 납부할 때는 공제 대상에 포함될 수 있습니다.

9장.

당신만 모르는 연말정산 절세법, 보험료 세액공제

계약자-피보험자 설정
잘못하면 큰일 난다?

소득세법상 '보장성 보험'이란 만기에 환급되는 금액이 납입보험
료를 초과하지 않는 보험으로, 그 종류에는 생명보험, 손해보험(화
재, 도난 등 대비) 등이 있습니다.

세알못: 저는 연봉이 5,000만 원이고, 제가 가입한 보장성 보험료의 연간
납입액은 100만 원입니다. 이 보장성 보험 가입으로 인해 줄어드는 세금
은 얼마인가요?

택스코디: 보장성 보험료공제는 근로자만 적용받을 수 있으며, 2013년까
지는 소득공제방식을 적용했으나 2014년부터는 12퍼센트 세액공제(장애
인 전용 보장성보험은 15퍼센트)로 변경되었습니다. 따라서 질문자 님의
경우 12만 원(100만 원×12퍼센트)을 절세할 수 있습니다.

참고로 보장성보험의 보험차익에 대해서는 소득세가 전혀 과세
되지 않습니다. 이유는 소득세법이 보장성보험의 보험차익을 과세
항목으로 열거하고 있지 않기 때문입니다.

세알못: 몇 년 전에 아들을 피보험자로 한 실손보험에 가입했는데 올해 아들의 나이가 만 21세입니다. 올해부터 낸 실손보험료는 보장성 보험료공제를 받을 수 없게 되는 건가요?

택스코디: 근로소득자가 납부한 보장성 보험료를 세액공제받기 위해서는 근로자 본인 또는 기본공제 대상자를 피보험자로 해야 합니다. 그런데 배우자나 장애인을 제외한 나머지 기본공제 대상자는 나이 제한이 있습니다. 자녀의 경우 만 20세를 초과하면 공제 대상이 아닙니다. 따라서 아드님의 보장성 보험료는 이제 공제되지 않습니다.

보장성 보험료공제 요건은 ①근로소득이 있는 경우에 ②계약자와 피보험자를 본인 또는 기본공제 대상자(소득 및 나이 요건을 갖춘 자)로 하고 ③근로자 본인이 지급한 보험료에 대하여 공제받도록 되어 있습니다. 실무상 근로자 본인 이외의 기본공제 대상자가 지급한 보험료도 공제 가능합니다.

앞서 말한 '기본공제 대상자'란 근로자 본인, 배우자, 직계비속, 입양자, 직계존속, 형제자매를 말하며 나이와 소득 제한 요건을 갖춰야 합니다. (여기에는 배우자의 직계존속, 형제자매도 포함됩니다.)

기본공제 대상자 조건

- **나이 제한**
  - 직계비속·입양자: 만 20세 이하
  - 직계존속: 만 60세 이상
  - 형제자매: 주민등록에 같이 등재된 만 20세 이하 또는 만 60세 이상(배우자와 장애인은 나이 제한 없음)

- **소득 제한**
  종합소득 금액+퇴직소득 금액+양도소득 금액
  위 세 항목의 합계액이 100만 원 이하인 경우(단, 비과세, 분리과세 소득은 제외함)

- **저소득자**
  연봉 500만 원 이하 및 일용직

- **이자+배당소득자**
  금융소득 2,000만 원 이하는 분리과세이므로 금융소득을 2,000만 원 이하 수령하면 기본공제 대상임

- **연금소득자**
  2001년 12월 31일 이전 불입액을 기초로 수령하는, 연금만 있거나 과세 대상 사적연금 수령 총액이 연 1,200만 원 이하인 자

장애인 전용 보장성 보험료는 추가 공제받는다

장애인 전용 보장성 보험은 장애인 전용 보험이긴 하지만 보장성 보험이기도 합니다. 장애인 자녀가 있는 경우, 그 자녀를 위한 장애인 전용 보장성 보험에 가입하면 그 납입액은 일반 보장성 보험료 납입액이 됨과 동시에 장애인 전용 보장성 보험료 납입액도 될 수 있다는 의미입니다. 이 경우에는 두 가지 공제의 중복 적용이 불가능하므로 반드시 한 가지 공제만 적용받아야 합니다.

세알못: 장애인 자녀를 위해 두 개의 보험에 가입했는데 하나는 장애인 전용 보장성 보험이고, 하나는 일반 보장성 보험입니다. 이런 경우는 공제가 어떻게 적용되나요?

택스코디: 이 경우에는 보험 계약 자체가 다를뿐더러 보험료도 별도로 납입되고 있으므로 장애인 전용 보장성 보험의 세액공제와 일반 보장성 보험의 세액공제를 각각 적용받을 수 있습니다.

보험료공제 사례

①맞벌이 부부의 경우

부부 중 근로소득이 5,000만 원인 남편이 암 보험에 가입했습니다. 이 보험의 계약자는 아내이고 남편은 피보험자일 경우, 세액공제를 받을 수 없습니다. 남편의 근로소득 총급여액이 500만 원을 초과하기 때문에 다른 사람의 기본공제 대상자가 될 수 없습니다. 때문에 기본공제 대상자를 피보험자로 한다는 요건 역시 만족하지 못합니다.

하지만 만약 해당 암 보험이 부부 전체를 대상으로 하며, 남편이 주피보험자이고 아내는 종피보험자일 때는 공제 가능합니다. 보험료공제를 적용하기 위해서는 기본공제 대상자를 피보험자로 하는 보험 계약이어야 하는데 당해 피보험자는 주피보험자와 종피보험자 중 하나만 만족하면 됩니다.

②기본공제와 보험료공제를 남편과 아내가 나누어 받을 수 있을까?

맞벌이 부부의 기본공제 대상자인 자녀를 남편이 기본공제 대상자로 신고했는데 부인이 그 자녀를 피보험자로 하는 보험에 가입한 경우, 부인이 보험료공제받을 수 있을까요? 기존 국세청 예규(서이 46013-12017, 2003. 11. 24.)에는 공제가 된다고 되어 있었습니다. 또한 세법도 분명히 기본공제 대상자를 피보험자로 하는 보험료를 보험료공제 대상으로 한다고 정해두었습니다. 자녀는 이미 남편의 기본공제 대상자로 신고되어 있음에도 불구하고 아내도 보험료공제를 적용받을 수 있었던 것입니다.

하지만 기획재정부에서는 2006년 10월 24일 이에 반대되는, 다시 말해 아내는 이 경우 자녀에 대한 보험료공제를 받을 수 없다는 예규를 냈고(재소득-649, 2006. 10. 24.), 연달아 국세청에서도 기존 예규의 변경 예규로써 기본공제 대상자를 위해 지출한 보험료만 공제 가능하다고 회신했습니다(서면1팀-1562, 2006. 11. 27.). 결론적으로 현재는 기본공제 대상자가 아닌 자녀 보험료를 납부한 경우에는 세액공제가 불가능합니다.

③퇴직 후의 지출

앞서 살펴본 특별소득공제(건강 · 고용보험료, 주택자금 등에 대한 소득공제)와 지금 말하는 보험료, 의료비, 교육비 등의 세액공제(특별세액공제)는 근로소득자만 적용받을 수 있습니다. 그런데 근로소득자에게만 해당하는 공제를 적용받을 때는 당사자가 언제까지 근로소득자였는지가 중요합니다. 공제 항목 중 근로소득자에게만 적용하는 사항이 있기 때문에 근로소득자가 아닌 기간, 즉 퇴직 후에 지출한 금액은 공제 대상에서 제외됩니다. 따라서 퇴사 후에는 해당 공제 항목에 대한 지출액이 있어도 공제를 받을 수 없습니다.

④이혼한 아내를 위해 지급한 보험료

이혼 전 아내를 위해 지출했던 금액은 공제 대상으로 인정되지만, 이혼 후에 공제 대상 지출이 있다면 그 지출액은 세액공제를 받을 수 없습니다. 12월 31일 이전에 이런저런 사유로 기본공제 대상자가 공제 대상이 아닌 경우로 변경되는 경우는 그 사유가 발생한 날을 기준으로 공제 여부를 나누면 됩니다. 따라서 연도 중 배우자와 이혼한 경우, 그 배우자는 더 이상 기본공제 대상자가 될 수 없으나 이혼 전 해당 배우자를 위해 지출한 금액(예를 들어 보험료)은 공제 대상이 될 수 있습니다.

참고로 보험료 세액공제는 해당 연도 중에 납입한 금액만이 공제 대상이 되며 납입하지 못한 경우(보험료 연체)에는 실제 납부한 연도의 공제 대상 보험료로 봅니다.

10장.

당신만 모르는 연말정산 절세법,
연금저축 세액공제

연금저축,
꼭 가입해야 할까?

> **세알못: 연금저축이 세액공제에 도움이 된다고 들었습니다. 꼭 가입해야 하나요?**

> **택스코디: 연말정산 절세 목적으로 연금저축에 가입하기 전에 먼저 본인이 한 해에 얼마나 세금을 내는지 살펴야 합니다. 만약 공제받을 항목이 많다면 굳이 세액공제를 위해 연금저축에 가입할 필요는 없습니다.**

예를 들어 연금저축에 400만 원을 넣어 15퍼센트의 공제를 받는다면 60만 원을 세액공제 받을 수 있지만, 실제로 사회 초년생 기준 연봉 3,000~4,000만 원 미만인 근로자가 각종 공제를 받는 경우 내는 세금은 50만 원 미만일 가능성이 큽니다. 때문에 연금저축 세액공제를 받더라도 큰 의미가 없을 가능성이 큽니다. 따라서 사회 초년생이라면 모의 연말정산을 해보거나 또는 한 해 정도 연금저축 없이 연말정산을 해본 후에 얼마를 내는 게 가장 효율적인지를 따져봐야 합니다.

또 공제받은 연금 납입액을 연금으로 받지 않고 일시에 수령하면 16.5퍼센트가 세금으로 과세되니 무조건 혜택만 있는 것은 아니라는 것도 알아둬야 합니다. 꼭 연금으로 받아야만 혜택이 있습니다.

청년이라면 연금 관련 세액공제보다는 주택마련 저축 관련 소득공제 혜택을 살펴볼 것을 권합니다. 총급여액 7,000만 원 이하의 무주택 세대주인 직장인은 240만 원 한도로 입금액의 40퍼센트까지 소득공제를 받을 수 있습니다. 특히 사회 초년생이라면 청약을 유지하면서 10년간 연 최대 3.3퍼센트의 금리와 이자소득 500만 원 비과세 혜택이 있는 청년우대형 청약통장에 가입하면 좋습니다.

세알못: 배우자나 가족 명의로 가입된 연금 계좌에 납입한 금액도 공제가 되나요?

택스코디: 연금 계좌 세액공제는 근로자 본인 명의인 경우에만 공제 가능합니다. 배우자나 기본공제 대상인 부양가족 명의의 연금 계좌는 공제 대상이 아닙니다.

연금저축 계좌
중도 해지 시 불이익은?

노후 대비 금융 상품, 즉 연금에 대해서는 세금 혜택을 파격적으로 주고 있습니다. 공적연금이 부실하다 보니 국가 차원에서 개인연금 가입을 유도해 고령화에 대비하는 것입니다. 하지만 개인연금의 세제 혜택을 받기 위한 요건은 생각보다 까다롭습니다. 노후를 위해 연금도 들고 세제 혜택도 잘 누릴 방법은 어떤 것이 있는지 살펴봅시다.

연금 상품은 크게는 개인형 퇴직연금(IRP)과 연금저축으로 구분할 수 있습니다. 개인형 IRP나 연금저축은 모두 공적연금에 반대되는 개념으로, 개인이 노후를 위해 불입한 다음 55세 이후 연금으로 수령하는 상품입니다. 둘의 가장 큰 차이는 불입하는 재원의 차이입니다. 개인형 IRP는 회사에서 퇴직 시 받는 퇴직금과 개인 운용 자금으로 불입하는 것이고, 연금저축은 개인 운용 자금으로만 불입하는 것입니다.

세제 혜택은 재원, 그리고 소득 금액, 연령에 따라 다릅니다. 퇴직연금과 연금저축 납입액을 합해서 연 700만 원 한도로 15퍼센트를 세액공제해 주는데, 이 중에서 연금저축에 납입한 금액은 연 400만 원까지만 공제 대상이 됩니다.

만약 근로자의 나이가 50세 이상이면 공제 대상은 연금저축만 600만 원, 퇴직연금과 연금저축을 합해 900만 원으로 불어납니다. 다만 금융소득 종합과세 대상은 50세가 넘더라도 공제 대상 확대가 적용되지 않습니다.

공제율은 근로소득만 있는 경우를 기준으로 총급여액 5,500만 원 (종합소득은 4,000만 원) 이하이면 15퍼센트가 세액공제되지만 총급여액 5,500만 원을 초과하면 12퍼센트만 세액공제 됩니다.

세알못: 한도보다 더 많이 납입한 경우에는요?

택스코디: 납입 한도를 초과하더라도 공제 한도에는 변화가 없습니다. 또 개인에 따라 연말정산 결과 산출세액이 적으면 세액공제 대상 금액이 있더라도 적용받지 못하는 경우도 발생합니다.

예를 들면 연금 계좌를 통한 세액공제 금액이 60만 원으로 정해졌지만 급여에 따른 산출세액이 50만 원이라면 50만 원까지만 세액공제를 받을 수 있게 됩니다. 하지만 이때 나머지 10만 원을 이월해서 다음 해 연말정산에서 세액공제를 받을 수도 있습니다. '납입금 전환 특례'를 적용받는 것입니다. 국세청 홈택스에서 연금보험료 등 소득·세액공제 확인서를 발급받아 연금 사업자에게 제출하면 이월 공제가 가능합니다.

> **세알못:** 올해 연금저축을 중도 해지했는데 연말정산 시 이에 대한 세액공제 받을 수 있을까요?

> **택스코디:** 연금계좌를 중도 해지하면 해지한 연도의 납입액은 연말정산 때 연금 계좌 세액공제를 받을 수 없습니다.

> **세알못:** 연금 계좌를 해지해서 기타소득이 발생했습니다. 무조건 분리과세인가요?

> **택스코디:** 네 그렇습니다. 2015년 1월 1일 이후에 인출하는 분부터는 연금 외 수령 금액과 관계없이 15퍼센트의 기타소득세율로 무조건 분리과세를 적용합니다.

> **세알못:** 그렇다면 중도 해지 시 따로 세금을 부담하게 되나요?

> **택스코디:** 연금 계좌를 중도 해지하는 경우에는 그동안의 연금 계좌 불입액과 연금 계좌 세액공제 금액에 대해 기타소득으로 보고 15퍼센트 세율로 소득세를 원천징수합니다. 이때 분리과세로 과세가 끝나기 때문에 추후 종합소득과 합산해서 종합소득세를 부과하지는 않습니다.

다만 중도 해지의 사유가 천재지변, 사망, 해외 이주, 질병, 파산, 연금 계좌 취급자의 영업 정지 등 불가피한 사유에 해당하면 중도 해지의 수령액도 연금소득으로 봅니다. 연금소득은 기타소득보다 낮은 3~5퍼센트의 세율로 원천징수되고 과세가 종결됩니다.

세알못: 휴직 기간에 불입한 연금저축도 세액공제 대상이 되나요?

택스코디: 연금 계좌 세액공제는 근로 제공 기간과 관계없이 해당 과세 기간에 지출한 금액이면 공제 대상이 됩니다. 연금 계좌 세액공제 외에 기부금 세액공제, 국민연금 보험료 소득공제, 소기업·소상공인 공제부금 소득공제 등도 마찬가지로 공제받을 수 있습니다.

참고로 근로 제공 기간 동안 지출한 비용에 대해서만 공제되는 항목으로는 보험료 세액공제, 의료비 세액공제, 교육비 세액공제, 주택자금 소득공제, 신용카드 등 사용액에 대한 소득공제, 주택마련저축 소득공제 등이 있습니다.

연말에 해도
바로 세액공제 받는 연금저축

개인적으로 가입한 연금 계좌에 납입하거나 직장인이 퇴직연금에 추가로 납부하는 금액은 세액공제 대상이 됩니다. 하지만 무한정 세액공제를 적용해 주는 것은 아니고, 금액 중 일정 금액까지만 세액공제가 적용됩니다.

세액공제 대상 연금 계좌 납입액

구분	공제 대상 납입액
일반적인 경우	세액공제 대상 연금 계좌 납입액=min(①, ②) ①min(연금저축 계좌 납입액, 연 400만 원)+퇴직연금 계좌 납입액 ②연 700만 원
총급여액 1억 2,000만 원 초과자	세액공제 대상 연금 계좌 납입액=min(①, ②) ①min(연금저축 계좌 납입액, 연 300만 원)+퇴직연금 계좌 납입액 ②연 700만 원

연금저축의 경우 원칙적으로 연간 400만 원까지만 세액공제가 적용됩니다. 단 2017년 납입분부터는 총급여액(연봉)이 1억 2,000만 원을 초과하는 경우의 연금저축 세액공제 한도가 300만 원으로 줄어들었습니다. 하지만 퇴직연금에 직장인이 추가 납입한 금액이 있으면 소득의 크기와 상관없이 한도가 700만 원까지 늘어납니다. 총급여액이 1억 2,000만 원을 초과하는 사람도 퇴직연금에 추가로 400만 원을 불입하면 연간 700만 원을 세액공제 받을 수 있게 되는 거죠.

납입액	세액공제 대상 금액
연금저축 500만 원 퇴직연금 500만 원	연금저축 400만 원 퇴직연금 300만 원 → 총공제대상금액 700만 원
연금저축 300만 원 퇴직연금 300만 원	연금저축 300만 원 퇴직연금 300만 원 → 총공제대상금액 600만 원
연금저축 100만 원 퇴직연금 800만 원	연금저축 100만 원 퇴직연금 600만 원 → 총공제대상금액 700만 원

세알못: 연말정산 관련 정보를 접하다가 연금저축에 대해 알게 되어 연말에 급하게 가입하려고 합니다. 일시납으로 내도 되나요?

택스코디: 연금 계좌 세액공제 연간 한도 400(300)만 원은 말 그대로 연간 한도이므로 반드시 12개월 동안 나눠서 내야 한다는 제한은 없습니다. 따라서 12월 말일에 400만 원을 한꺼번에 납입하더라도 그 해에 400만 원 전액을 세액공제 받을 수 있습니다.

하지만 보험회사에서 판매하는 연금저축보험은 매월 일정한 금액을 입금하게 되어 있으므로 12월에 가입했다면 12월 납입분만 공제받을 수 있습니다. 반면 은행 연금저축신탁과 증권회사의 연금저축펀드는 입금이 자유로우므로 한 번 또는 불규칙하게 몰아서 입금하는 방법을 사용할 수도 있고, 그렇게 하더라도 세액공제에는 아무런 문제가 없습니다.

늘어나는 연금저축 세액공제 한도

2023년부터 연금 계좌 세액공제 대상 납입 한도가 확대됩니다. 연금저축 계좌의 경우 기존에는 급여소득 또는 종합소득, 나이에 따라 300만 원, 400만 원, 600만 원 등으로 한도가 각각 적용됐습니다. 개편안에는 소득과 나이에 상관없이 600만 원으로 똑같은 한도가 적용됩니다. 퇴직연금 계좌(DC, IRP)까지 합한 총한도도 급여소득 1억 2,000만 원(종합소득 1억 원) 이하의 50세 이상 가입자에 대해서만 예외적으로 적용되던 900만 원 한도가 모든 가입자로 확대되는 것입니다.

> **세알못:** 그럼 급여소득이 1억 2,000만 원 이하이고 나이가 50세 이상인 연금 계좌 가입자 입장에서는 달라지는 게 없는 건가요?

세액공제율은 급여소득 5,500만 원(종합소득 4,000만 원)을 기준으로 이하이면 15퍼센트, 초과하는 경우 12퍼센트로 종전과 같습니다. 한도 증액으로 인한 세액공제 증대 효과만 있는 셈입니다. 소득 구간별로 증대 정도를 살펴보면 급여소득 5,500만 원 이하 가입자는 연간 최대 세액공제액이 115만 5,000원에서 148만 5,000원으로 33만 원(28.6퍼센트) 늘어나게 됩니다. 5,500만 원 초과 직장인은 92만 4,000원에서 118만 8,000원으로 26만 4,000원 증가하게 됩니다.

한 번 더 정리하면 연금저축의 연간 세액공제 한도가 200만 원 높아져 개인형 퇴직연금(IRP)의 세액공제와 합쳐 매년 900만 원에 대해 공제를 받을 수 있게 됩니다. 연금저축의 연간 세액공제 한도를 기존 400만 원에서 600만 원으로 확대하는 것이죠. 따라서 IRP 세액공제와 합친 공제금액은 900만 원으로 높아지게 됩니다.

기존의 연금저축 가입자는 세액공제 한도만큼 매달 연금저축에 가입하고 있는 것이 대부분입니다. 매달 약 33만 3,333원 정도 납입하고 이렇게 모인 400만 원의 일정 비율을 연말정산 때 되돌려 받는 식입니다. IRP도 이와 연동해 300만 원까지만 가입하는 경우가 많습니다. 하지만 이번 조치에 따르면 연금저축 가입자라면 월 납입액을 높이는 것이 좋습니다. 연간 600만 원까지 공제가 확대되므로 매달 50만 원씩 저축하는 편이 유리합니다.

이미 연금저축과 IRP 계좌에 연 900만 원을 넣고 있다면 이번 세액공제 확대로 연말정산 환급액이 115만 원에서 148만 원으로 늘어날 것입니다. 연금저축에 대한 세액공제는 조세특례제한법에 담겨 있습니다. 이와 같은 정책을 추진하기 위해서는 법 개정이 필수입니다.

11장.

당신만 모르는 연말정산 절세법,
월세액 세액공제

월세 사는 직장인,
최대 90만 원 돌려받는다

월셋집에 사는 직장인이라면 꼭 챙겨야 할 연말정산 공제 항목이 있습니다. 바로 월세 세액공제입니다. 이는 1년 동안 집주인에게 낸 월세 일부를 연말정산에서 돌려받는 것입니다.

월세 세액공제를 받으려면 우선 본인 명의의 집을 갖고 있지 않아야 합니다. 또한 거주 중인 월셋집의 크기가 국민주택규모(85㎡) 이하여야 합니다. 혹은 기준시가가 3억 원 이하인 주택이면 국민주택 규모를 넘어도 공제를 받을 수 있습니다. 월급이 너무 많아도 안 됩니다. 연봉에서 비과세소득을 뺀 총급여가 7,000만 원 이하인 경우에만 공제 혜택이 있습니다.

2023년부터는 전세나 월세로 거주하는 직장인의 연말정산 혜택이 늘어납니다. 2023년 초에 실시할 2022년 귀속 연말정산에서는 총급여 5,500만 원 이하의 세액공제율이 15퍼센트(종전에는 12퍼센트)로 높아지고, 총급여 7,000만 원 이하는 12퍼센트(종전에는 10퍼센트)의 세액공제율을 적용합니다.

총급여 5,000만 원인 무주택 직장인이 매월 50만 원의 월세를 내고 있다면 종전에는 72만 원을 환급받을 수 있었지만 2023년 초 연말정산부터는 90만 원을 돌려받을 수 있게 됩니다. 하지만 이 직장인의 총급여가 6,000만 원이나 7,000만 원 수준이라면 돌려받는 세금은 72만 원입니다. 이는 총급여가 5,500만 원을 초과하기 때문에 12퍼센트의 세액공제를 적용한 것입니다.

세알못: 월세 세액공제를 받기 위해 필요한 서류는 무엇인가요?

택스코디: 월세 세액공제를 받으려면 연말정산 공제신고서에 연간 월세 지출액을 적은 후, 임대차계약서 사본, 주민등록등본, 무통장입급증 등 월세액 지급을 증명할 수 있는 서류를 회사에 제출하면 됩니다.

세알못: 무주택 세대의 세대원도 월세액 세액공제를 받을 수 있나요?

택스코디: 세대주가 주택자금 관련 공제(주택임차차입금 원리금 상환액, 장기주택저당차입금 이자 상환액, 주택마련 저축 소득공제, 월세액 세액공제)를 받지 않는 경우 해당 과세 기간의 총급여액 7,000만 원 이하인 무주택 세대의 세대원이 공제받을 수 있습니다.

세알못: 월세액 세액공제는 부양가족이 없는 무주택 단독 세대주도 적용받을 수 있나요?

택스코디: 네. 부양가족이 없는 단독 세대주인 경우에도 무주택인 경우라면 공제 가능합니다.

세알못: 한국에 거주 중인 외국인도 월세액 세액공제를 받을 수 있나요?

택스코디: 외국인의 경우 세대주 또는 세대원에 해당하지 않으므로 세액공제를 적용받을 수 없습니다.

세알못: 사정상 배우자와 따로 살고 있습니다. 배우자가 주택을 소유하고 있고, 저는 월세를 내고 살고 있는데 이런 경우에도 월세액 세액공제를 받을 수 있을까요?

택스코디: 안 됩니다. 월세액 세액공제를 적용받기 위해서는 과세 기간 종료일(12월 31일) 기준 주택을 소유하지 않은 세대의 세대주 요건을 충족해야 합니다. 배우자와 별거하고 있어도 같은 세대로 보기 때문에 배우자가 주택을 소유하고 있다면 공제받을 수 없습니다.

세알못: 주민등록상 전입신고를 하지 못했는데요. 그래도 월세액 세액공제를 받을 수 있나요?

택스코디: 안 됩니다. 주민등록상 전입신고를 하지 않으면 다른 요건을 충족했을지라도 월세액 세액공제를 받을 수 없습니다. 세액공제를 받기 위해서는 임대차계약증서의 주소지와 주민등록등본의 거주지가 같아야 합니다.

세알못: 남편이 1주택 소유자로 지방에 거주하고 있고, 대학생 자녀는 서울에서 월셋집에 살고 있습니다. 이 경우 남편이 월세액 세액공제를 받을 수 있을까요?

택스코디: 안 됩니다. 월세액 세액공제는 무주택 세대의 세대주 또는 일정 요건의 세대원이 받을 수 있는 것으로, 부모가 주택을 소유하고 있다면 월세액 세액공제를 받을 수 없습니다.

세알못: 배우자 명의로 임대차계약서를 작성해도 월세액 세액공제가 가능한가요?

택스코디: 2017년부터는 근로자의 기본공제 대상자가 임대차계약을 체결해도 나이, 소득 요건과 같은 공제 요건을 갖추면 월세액 세액공제를 적용받을 수 있습니다.

세알못: 보증금이 있는 집에서 살고 있는데 월세액 세액공제를 받기 위해서는 확정일자를 받아야 하나요?

택스코디: 2014년부터는 확정일자를 받지 않더라도 월세액 세액공제를 적용받을 수 있도록 되어 있습니다.

월세 세액공제, 현금영수증공제, 뭐가 좋을까?

월셋집에 거주하고 있다면 월세 세액공제나 소득공제를 꼭 챙겨야 합니다. 연말정산을 할 때 1년간 낸 월세도 세액공제 또는 소득공제가 가능하기 때문입니다. 이를 위해 먼저 본인이 세액공제 대상인지부터 따져 봐야 합니다. 세금을 깎아주는 월세 세액공제의 경우, 조건이 다소 까다로운 편입니다.

다시 복습하자면 총급여가 7,000만 원 이하인 근로자이면서, 주택을 가지고 있지 않은 무주택자여야 하고, 사는 집의 기준시가가 3억 원 이하이거나 전용 면적이 $85m^2$ 이하여야 합니다. 오피스텔, 고시원도 공제 가능합니다. 중요한 점은 반드시 전입신고가 되어 있어야 한다는 것입니다. 조건만 맞으면 집주인이 이에 동의하지 않아도 됩니다. 간혹 집주인이 자신의 세금을 줄이려고 임대 계약서에 '월세 세액공제 금지' 특약을 적어두는 경우가 있는데, 이는 애초에 불법이기 때문에 무효입니다.

> **세알못:** 학교 기숙사에 살면서 월세를 내면 월세액 세액공제를 적용받을 수 있나요?

> **택스코디:** 안 됩니다. 월세액 세액공제는 국민주택규모 이하 주택 또는 기준시가 3억 원 이하인 주택(주거용 오피스텔, 고시원 포함)을 임차한 경우에만 공제 대상에 해당합니다. 이때 '주택'은 주택법상의 주택을 의미합니다. 주택법상 주택은 단독주택과 공동주택으로 구분되며, 기숙사는 준주택 범위에 포함되므로 공제 대상에 해당하지 않습니다.

> **세알못:** 친구와 동거하면서 공동명의로 주택을 월세로 계약하고 월세를 부담하고 있습니다. 세대주는 친구입니다. 저도 월세액 세액공제를 받을 수 있나요?

> **택스코디:** 안 됩니다. 가족이 아닌 자와 공동명의로 주택을 계약하고 공동으로 월세를 부담하며 거주하는 상황인데 세대주가 월세액에 대한 세액공제를 받고 있고, 본인은 세대주가 아닌 지금 같은 상황에서는 월세액에 대한 세액공제를 받을 수 없습니다.

월세 세액공제 대상이 아니라면 소득공제를 받을 수 있습니다. 세액공제는 계산된 세금 일부를 깎아주는 것이지만, 소득공제는 총소득에서 일정 금액을 차감해 주는 것입니다. 근로소득이 있는 임차인이면 월세 소득공제 혜택을 누릴 수 있습니다. 집주인에게 현금영수증을 발급받아도 되고, 홈택스 홈페이지, '현금영수증 민원신고' 항목에서 주택 임차료 현금영수증을 발급받아도 됩니다. 이를 회사에 제출하면 소득공제가 가능해집니다.

세알못: 월세 지급액에 대해 현금영수증을 발급받고 있습니다. 이때 신용카드 등 사용 금액 소득공제와 월세액 세액공제를 중복해서 적용받을 수 있나요?

택스코디: 안타깝게도 중복 적용은 되지 않습니다. 꼼꼼히 따져보고 절세에 유리한 한 가지를 선택해야 합니다.

다시 정리하면 월세 세액공제를 받기 위해서는 총급여가 7,000만 원 이하인 근로자이면서 무주택자여야 합니다. 또 기준시가가 3억 원 이하이거나 전용 면적이 $85m^2$ 이하인 집에 전입신고하고 살아야 하는 등 조건을 갖춰야 합니다. 조건이 맞지 않아서 세액공제를 받을 수 없다면 홈택스에서 현금영수증을 발급받아 월세 소득공제를 받도록 합시다.

12장.

당신만 모르는 연말정산 절세법, 기부금 세액공제

정치후원금, 10만 원까지 전액 돌려받는다고?

부자에게 세금을 걷고 그 돈으로 도움이 필요한 사람을 지원하는 것보다는 부자가 그들에게 직접 도움을 준다면, 즉 기부한다면 도움을 준 상대가 누군지 알 수 있으므로 감사하는 마음을 가지기 쉽습니다. 물론 꼭 도움을 준 이에게 감사하는 마음을 가져야 한다는 것은 아닙니다. 하지만 도움을 주는 사람과 받는 사람이 접촉하는 과정에서 생기는 좋은 분위기는 사회 전체에 긍정적인 효과를 만들어 낼 수 있을 것입니다.

그런 차원에서 국가는 기부를 장려할 필요가 있습니다. 기부를 한 사람에게 혜택을 주는 것은 충분히 의미 있는 정책입니다. 그래서 세법에서도 기부하면 일정한 금액을 세금에서 줄여줍니다. 이것이 바로 '기부금 세액공제'입니다. 기부한 사람에게 세금을 좀 덜 걷더라도 그 사람이 직접 만드는 복지의 실천이 훨씬 더 의미 있기 때문입니다.

기부금에 대한 세액공제율은 2015년까지는 3,000만 원 초과분에 대해 25퍼센트가 적용되다가 2016년부터 높은 공제율(30퍼센트)이 적용되는 고액 기부의 기준 금액이 2,000만 원으로 낮아졌고, 2019 년부터는 1,000만 원 이상 기부할 시 30퍼센트 공제율을 적용하는 것으로 개정되었습니다.

기부금은 어디에 기부했는지에 따라 몇 가지 종류로 구분됩니다. 대표적으로 법정기부금과 지정기부금이 있고, 그 외에는 우리사주 조합 기부금이 있습니다. 우리가 일상적으로 만나는 기부금은 대부 분 법정기부금 또는 지정기부금 중 하나입니다. 정치자금 기부금은 원칙적으로 법정기부금에 포함되지만, 정치자금 중 1년에 10만 원 까지의 금액은 별도의 정치자금 세액공제를 적용합니다.

가령 정치자금으로 기부한 금액이 1년간 30만 원이라면 10만 원 은 기부금 세액공제와는 별도의 정치자금 세액공제를 적용하고, 나 머지 20만 원은 법정기부금으로 보아 기부금 세액공제가 적용됩니 다. 정치자금기부금 세액공제가 적용되는 10만 원 이내의 금액은 해 당 기부 금액의 100/110만큼을 세액공제합니다.

세알못: 세액공제를 해 주려면 그냥 기부금 전액을 해 줄 것이지 왜 기부 한 금액의 100/110만 해 주는 건가요?

택스코디: 본래 10만 원까지는 동일한 금액의 세금을 깎아줌으로써 실질적으로는 기부한 정치자금 전액 돌려주는 효과를 주도록 했습니다. 그런데 이상한 점이 발견되었습니다. 정치자금 10만 원을 기부하면 세금을 10만 원 깎아주겠다는 의도였는데 소득세를 계산할 때 10만 원이 깎이니 그 금액에 자동으로 따라오는 지방소득세 1만 원이 추가로 줄어드는 것입니다. 따라서 직장인이 정치자금으로 10만 원을 기부하면 11만 원을 돌려받는 상황이 발생한 거죠. 이를 알아챈 국가는 바로 다음 해에 기부금의 100/110만큼만 소득세에서 세액공제해 주겠다고 규정을 바꿨습니다.

법정기부금과 지정기부금은 어디에 기부했느냐에 따라 구분됩니다.

기부할 때 개인이 그 단체가 법정기부금 단체인지 지정기부금 단체인지 알아낼 필요는 없습니다. 단체에서 이미 자신들이 어떤 기부금 단체인지 알고 있을 것이므로 궁금하다면 기부하면서 문의해도 됩니다. 하지만 굳이 그럴 필요없습니다. 세액공제를 위해 기부금 영수증을 신청하면 그 서류에 어떤 기부금인지 기재되어 있기 때문입니다.

세알못: 금전으로 기부 대신 재해 지역에서 자원봉사한 경우에는 기부금 세액공제를 받을 수 있나요?

택스코디: 금전 기부가 아닌 직접 재난지역에서 자원봉사한 경우에는 자원봉사 하루당 5만 원을 기부한 것으로 따집니다.

참고로 세법에서는 8시간을 일하면 하루 일한 것으로 인정합니다. 하루에 실제로 몇 시간을 일했는지 상관없이 자원봉사 한 시간을 모두 더해서 8시간을 하루로 치고, 하루당, 즉 8시간당 5만 원을 기부한 것으로 봅니다. 만약 일한 시간이 8시간 미만이라면 올림해 하루로 쳐줍니다.

예를 들어 20시간을 일했다면 이틀하고도 4시간이 남는데, 이 4시간은 그냥 하루로 쳐준다는 의미입니다. 이렇게 20시간 자원봉사 한 사람은 15만 원(5만 원×3일)을 법정기부금으로 기부한 것으로 인정됩니다. 여기서 주의할 점은 어디서 자원봉사를 하든 기부로 인정되는 것이 아니라 국가에서 특별재난지역으로 선포한 지역에서 자원봉사한 경우에만 인정된다는 점입니다.

종교단체에 기부하고 환급도 받자

　기부금을 종류별로 구분한 이유는 종류별로 세액공제 한도가 다르기 때문입니다. 1년 동안 기부한 금액은 법정기부금, 지정기부금 등으로 구분하고, 각 구분별로 기부금 공제 대상 금액의 한도를 계산합니다. 계산된 공제한도액과 해당 기부금 지출액을 비교해 지출액이 한도 이내의 금액이면 전액 공제 대상이 되고, 한도를 초과하면 한도액까지만 공제 대상 금액이 됩니다. 한도가 초과된 금액은 다음 해로 넘겨서 기부금 공제를 받을 수 있습니다.

기부금 종류	공제 대상 금액 한도
법정기부금(①)	근로소득 금액×100퍼센트
우리사주조합기부금(②)	(근로소득 금액－①)×30퍼센트

지정기부금(③)	종교단체기부금이 없는 경우: (근로소득 금액 − ① − ②)×30퍼센트
	종교단체기부금이 있는 경우: (근로소득 금액 − ① − ②)×10퍼센트+min [(근로소득 금액 − ① − ②)×20퍼센트, 종교단체기부금]

표가 꽤 복잡합니다. 하지만 완벽히 이해하려고 애쓸 필요는 없습니다. 표 내용을 간단히 말하자면, 먼저 법정기부금 한도는 근로소득 금액의 100퍼센트이니 그대로 한도액이 됩니다. 본인의 근로소득 금액보다 더 큰 금액을 기부한 경우가 아니라면 사실상 한도 초과가 발생할 일은 없습니다. 그래서 실무적으로 법정기부금은 한도 없이 전액 세액공제가 된다고 인식하고 있으며, 실제로 이에서 벗어나는 일이 거의 없습니다.

다만 오해하면 안 될 부분은 한도가 '총급여액(연봉)'이 아니라 '근로소득 금액'이라는 점입니다. 총급여액에서 근로소득공제를 차감한 근로소득 금액이 법정기부금 한도가 되고, 뒤의 지정기부금 등의 한도를 계산할 때도 근로소득 금액이 기준이 됩니다.

한편 흔치 않은 우리사주조합기부금과 지정기부금 중 교회, 절, 성당 등과 같은 종교단체 이외의 기부금은 근로소득 금액의 30퍼센트에 해당하는 금액을 한도로 한다는 정도만 기억하면 됩니다. 본인의 근로소득 금액이 3,000만 원인데, 종교단체 외 지정기부금으로 900만 원 이상 기부하면 한도가 초과되는 것입니다. 정확히는 근로소득 금액에서 법정기부금으로 인정받은 금액을 뺀 금액의 30퍼센트이지만, 이렇게까지 자세히 이해할 필요는 없습니다.

지정기부금 중 교회, 절, 성당 등과 같은 종교단체에 기부한 기부금은 한도가 낮아집니다. 근로소득 금액의 10퍼센트가 한도입니다. 과거 종교단체가 허위 기부금 영수증을 남발하는 근원으로 눈총을 받은 때가 있었죠. 그래서 종교단체에서 발급한 기부금 영수증은 믿을 수 없다며 한도액을 대폭 낮춘 것입니다.

이렇게 기부금의 공제 대상 금액이 계산되면 세액공제액을 산출할 수 있습니다. 세액공제액은 기부금 공제 대상 금액(법정기부금, 우리사주조합기부금, 지정기부금을 모두 합한 금액)의 크기에 따라 아래와 같이 세액공제율을 적용해 세액공제액을 계산합니다.

공제 대상 기부금	기부금 세액공제액
1,000만 원 이하	세액공제 대상 기부금×15퍼센트
1,000만 원 초과	150만 원+세액공제 대상 기부금 1,000만 원 초과분 ×30퍼센트

부모·자녀·형제자매 기부금도 잊지 말자

세알못: 자녀 이름으로 교회에 헌금한 것도 세액공제 가능한가요?

택스코디: 기부금 공제는 본인이 기부한 기부금뿐 아니라 기본공제 대상자인 배우자와 부양가족(다른 사람의 기본공제를 적용받는 사람은 제외)이 지출한 기부금도 공제 가능합니다. 대표적으로 교회에 헌금을 할 때 부모가 자녀 이름으로 감사헌금을 하는 경우가 많죠. 이런 경우 서류상으로는 자녀가 기부한 것으로 볼 수 있으나 그 자녀가 기본공제 대상자에 해당한다면 본인의 기부금으로 합산해 공제 신청을 할 수 있습니다.

특히 2016년에 기부한 기부금부터는 공제 대상 부양가족 명의의 기부금을 세액공제 신청할 때 그 부양가족의 나이를 따지지 않고 공제 가능한 기부금으로 인정해 줍니다. 따라서 20세가 넘은 자녀 이름으로 교회에 감사헌금을 한 경우에도 기부금 세액공제를 받을 수 있습니다. 하지만 우리사주조합기부금과 정치자금기부금은 근로자 본인 명의로 지급한 경우에만 공제 가능합니다.

1년 동안 지출한 기부금의 종류가 다양한 경우에는 '정치자금기부금→법정기부금→우리사주조합기부금→종교단체 외 지정기부금→종교단체 지정기부금'의 순서로 기부한 것으로 따져 공제 한도를 계산하고 공제 대상 금액을 산정하게 됩니다. 그런데 동일한 유형의 기부금 중에서도 과거 한도 초과로 공제받지 못하고 넘어온 기부금과 올해에 기부한 기부금이 동시에 있는 경우에는 올해 기부금을 우선 공제하고, 올해 기부금이 한도에 달하지 않은 경우에는 그 나머지 한도 이내의 범위에서 과거 한도 초과로 넘어온 기부금을 공제하게 됩니다.

세알못: 과거 한도 초과로 공제되지 않고 넘어온 기부금이 있는데, 그 기부금이 법정기부금이고 올해 지출한 기부금은 지정기부금입니다. 이런 경우에는 어떻게 처리되나요?

택스코디: 원칙적으로 이월된 금액과 올해 기부금이 같이 있으면 올해 기부금이 우선 공제됩니다. 하지만 법정기부금과 지정기부금이 섞여 있을 때는 연도를 따지지 않고 법정기부금이 우선 공제됩니다.

표준세액공제가
더 유리할 수도 있다

과거에는 연말정산 소득공제의 대표 항목으로는 보험료, 의료비, 교육비, 기부금 등을 꼽았습니다. 물론 이 항목들은 지금도 '연말정산'하면 떠오르는 핵심 공제 항목입니다. 이 항목들은 '특별세액공제'라는 특별한 이름으로 불리며 소득공제에서 세액공제로 형태를 변화해 연말정산을 마무리하는 단계에 속해 있습니다.

직장인이 한 해 동안 보장성 보험료, 의료비, 교육비, 기부금을 지출하고 연말정산을 할 때, 해당 지출액에 대해 세액공제를 신청하면 항목별로 세액공제를 계산해 연말정산에 반영하게 됩니다. 이렇게 항목별로 세액공제액을 계산해 적용하는 경우는 '항목별 세액공제'라고 합니다.

지금까지 살펴본 항목별 세액공제와 월세 세액공제, 그리고 앞서 살펴보았던 건강보험료, 주택자금 등의 특별소득공제는 근로자가 신청하지 않으면 적용할 수 없습니다. 하지만 이를 신청하지 않은 이들에게도 분명 지출이 있을 텐데 전혀 혜택을 주지 않을 수는 없으므로 특별세액공제 명목으로 13만 원을 공제하고 이를 '표준세액공제'라고 합니다.

그러므로 직장인은 항목별 세액공제, 특별소득공제, 월세 세액공제를 적용했을 때 세금이 얼마나 줄어드는지 파악하고, 그렇게 발생하는 세금 감소 효과가 13만 원보다 적으면 항목별 공제 서류를 제출할 필요도 없이 표준세액공제를 적용받는 것이 유리할 수 있습니다. 다시 말해 직장인이 13만 원의 표준세액공제를 적용받았다면 위 공제들은 모두 적용받지 못하는 것입니다.

그런데 근로자가 10만 원까지 세액공제가 적용되는 정치자금 기부 내역이 있거나 우리사주조합에 기부한 기부금이 있는 경우에는 표준세액공제를 선택했다고 하더라도 정치자금기부금과 우리사주조합기부금에 대한 세액공제는 적용받을 수 있습니다.

13장.

모르면 세금 폭탄,
연말정산 상식

연말정산,
이런 실수는 무조건 걸린다

복잡하고 챙겨야 할 것도 많은 연말정산을 안 하고 해를 넘길 수는 없을까요? 연말정산 관련 서류를 제출하지 않을 수는 있지만, 서류 구비를 덜 한 만큼 월급에서 세금을 떼어가는 걸 지켜봐야 합니다.

연말정산이 복잡하고 어렵긴 하지만 이를 다음 해 소비를 계획하는 계기로 삼는 것도 방법입니다. 혼자서 생활하든 부부가 함께 생활하든 어느 항목에 얼마나 돈을 써야 할지, 또 어디에서 아낄 수 있는지 미리 챙겨보는 것이 세금을 아끼는 지름길이라는 겁니다. '유리 지갑'인 직장인에게 아무래도 발품 팔기보다 효과적인 절세 수단은 없는 듯 보입니다.

연말정산 시 종종 실수하는 사례를 다음과 같이 나열했습니다. 예를 들어 국세청 전산에 바로 확인되는 맞벌이 부부와 부양가족 이중

공제 같은 경우에는 발견 즉시 수정신고를 해야 합니다.

- 맞벌이 부부가 각각 배우자공제를 받은 경우
- 부양가족의 소득 금액이 100만 원을 초과하는데도 부양가족공제를 받은 경우
- 의료비공제 시 발행처가 분명하지 않은 수기 영수증을 제출한 경우
- 교육비 중 과외비를 공제받거나 장학금을 받은 교육비를 공제받은 경우
- 대학원생인 자녀의 학자금에 대해 교육비를 공제받은 경우
- 소득이 있는 부양가족의 보험료를 공제받은 경우
- 기부금 증서를 허위로 제출해 공제받은 경우(공제받은 기부금이 200만 원 이상이면 기부금 명세서를 관할 세무서장에게 제출해야 한다)
- 신용카드로 낸 보험료를 보험료공제와 신용카드 사용 공제 둘 다 받거나 실손보험금 수령액을 차감하지 않고 공제받은 경우 등
- 형제자매가 사용한 신용카드를 공제받은 경우
- 소득 금액이 100만 원을 초과한 배우자 등의 신용카드를 공제받은 경우
- 세대주인 근로자가 취득 당시 기준시가 5억 원(2018년 이전은 4억 원)을 초과한 주택에 대해 장기주택 저당차입금 이자 상환액 공제를 받은 경우
- 배우자 명의로 납입한 연금저축에 대해 본인이 세액공제를 받은 경우

참고로 주택담보대출의 원리금 상환액과 대학원 교육비, 정치기부금 등은 본인 명의로 된 것만 공제되고, 가족 명의로 된 것은 공제되지 않습니다.

세금 추징 1위! 소득 100만 원 넘는 부양가족을 주의하라고?

'13월의 월급' 연말정산하느라 바쁜 시기가 돌아왔습니다. 국세청에서 제공하는 연말정산 간소화 서비스로 대부분의 항목을 쉽게 확인할 수 있지만, 방심은 금물입니다. 공제 항목을 잘못 입력해 괜히 세금을 더 떼이는 경우가 종종 발생하기 때문입니다.

보통 연말정산 중에서도 절세 효과가 큰 대표적인 항목이 인적공제입니다. 소득과 나이에 따라 요건을 충족하는 경우 공제를 받고, 자녀 수 또는 부양가족 수에 맞춰 교육비, 의료비까지 줄줄이 공제받을 수 있으므로 연말정산의 큰 줄기를 이루는 항목이기도 합니다. 그런데 바로 이 인적공제에서 실수가 많이 발생합니다. 왜일까요? 간략히 정리하자면 다음과 같습니다.

자녀의 인적공제를 중복 신청하는 경우

자녀의 인적공제를 엄마도 연말정산에 신청하고, 아빠도 신청해 공제받게 되면 추징금을 물어야 합니다. 인적공제는 부부 중 부양을 책임지는 한 사람만 받을 수 있게 되어 있습니다. 마찬가지로 부모님을 부양할 때도 부부 중 한 사람만 공제받는 구조입니다.

또한 인적공제는 자녀에게 쓴 교육비, 의료비가 함께 엮여서 공제받고 전체 세금에서 깎는 구조입니다. 사람을 둘로 쪼갤 수 없듯이 '인적공제 따로, 교육비 따로, 의료비 따로' 이런 식으로 나눠 공제받을 수 없습니다.

소득이 있는 부양가족의 공제를 신청한 경우

연말정산에서 부모님이나 자녀 등 가족이 쓴 금액을 공제받으려는 경우가 많죠. 그런데 무조건 신청하고 볼 것이 아니라 그들에게 소득이 있는지 꼼꼼하게 따져 봐야 합니다. 환산 소득 금액이 100만 원을 넘으면 가족 공제를 받을 수 없기 때문입니다. 만약 자녀가 아르바이트로 연 100만 원 이상의 소득을 얻었다면 부양가족 요건에 해당하지 않으므로 인적공제를 받을 수 없습니다.

> A씨: 연말정산에서 어머니를 부양가족으로 신청했다가 오히려 세금을 더 냈습니다. 이유는 근로소득이 없던 어머니께서 그해 집을 팔면서 양도소득이 발생했기 때문입니다. 저는 기본공제 150만 원과 함께 어머니 공제분에 가산세까지 추가돼 총 303만 원을 토해내야 했습니다.

다시 강조하자면 공제 대상인 부양가족에는 배우자와 자녀, 부모, 형제자매를 넣을 수 있는데 반드시 나이와 소득 요건이 맞아야 합니다. 나이는 미성년자 혹은 60세 이상이어야 하고, 소득 금액은 연 100만 원이 넘으면 안 됩니다. 이때 소득에는 근로소득 외에도 퇴직금, 부동산, 주식 등의 양도소득도 포함됩니다. 다만 일용직으로 번 돈, 실업수당, 육아휴직 수당, 노인 기초연금 등은 소득으로 보지 않습니다.

소득공제액이
남아요

    연봉이 많지 않다면 근로소득 금액에서 각종 소득공제를 차감한 잔액(과세표준)이 0 또는 마이너스(-)가 될 수도 있으며, 이런 경우에는 당연히 세금이 부과되지 않습니다. 뿐만 아니라 지난 1년간 급여를 받으며 떼였던 세금을 모두 환급받게 됩니다.

    그런데 이 경우에는 소득공제보다 근로소득 금액이 더 적어서 소득공제액이 남게 됩니다. 남는 소득공제는 저축했다가 내년으로 이월해 공제받도록 해 주면 너무 좋겠지만, 세법이 그 정도로 마음이 넓지는 않습니다. 남는 소득공제액은 그대로 소멸합니다. 이런 상황에서는 적용되는 항목과 적용되지 않는 소득공제 항목이 있을 수밖에 없는데 여러 공제 항목 중 어떤 항목을 적용할까요?

- 근로소득 금액: 1,000만 원

- 소득공제
①인적공제(기본공제, 추가 공제): 400만 원
②연금보험료공제: 200만 원
③보험료공제: 300만 원
④주택자금공제: 200만 원

- 과세표준:
-100만 원= 1,000만 원(근로소득 금액)-1,100만 원(소득공제, ①+②+③+④)

위의 경우 과세표준은 마이너스이므로 내야 할 세금은 없고, 소득공제 총액 1,100만 원 중 1,000만 원을 초과하는 100만 원은 적용받지 못한 채 소멸합니다. 이처럼 소득공제가 남을 때에는 4가지 공제 항목 중 연금보험료를 제외한 나머지 공제가 먼저 적용되고, 마지막으로 연금보험료 납입액 200만 원 중 100만 원이 적용되는 것으로 봅니다.

세알못: 어떤 공제를 적용하든지 세금이 0이 되는 것은 마찬가지 아닌가요?

택스코디: 그렇게 생각할 수도 있습니다. 하지만 연금보험료는 납입액을 소득공제 받지 않았을 경우, 나중에 연금을 탈 때 연금소득세가 과세되지 않으므로 굳이 다른 공제 항목이 있는데도 연금보험료공제를 적용받을 필요가 없습니다. 한마디로 소득공제액이 남을 때는 연금보험료공제를 최대한 아낄 필요가 있습니다. 다행히 세법에서도 납세자가 특별히 다른 방식으로 신고하지 않는 한 연금보험료공제를 가장 나중에 적용할 수 있도록 배려해 주고 있습니다.

보험금 받고 의료비도
공제받았다면 추징당한다?

의료비 세액공제는 공제 대상을 판단할 때 나이와 소득을 따지지 않으므로 가장 많은 실수가 발생합니다. 그렇다 보니 의료비 중 가장 공제 신청이 많은 부분은 바로 부모님의 의료비입니다. 기본공제 대상자 여부 판정 시 반드시 부모님과 함께 살아야 한다는 조건을 요구하지 않기 때문에 나이와 소득에 상관없이 자녀들은 본인이 내드린 부모님 병원비를 고민 없이 의료비 공제 대상에 포함해 신고합니다.

그런데 여기서 주의할 부분이 있습니다. 부모님이 연령 또는 소득 요건을 충족하지 않아 기본공제 대상자가 되지 못한 경우나 요건이 충족되어 기본공제 대상자로 포함된 경우 모두 자녀 중 단 한 명만 부모님의 의료비 세액공제를 신청할 수 있다는 사실입니다.

1인당 150만 원의 기본공제는 형제 중 단 한 명만 공제받을 수 있다는 사실 자체를 알고 있는 사람들은 많습니다. 그러나 사람들이 모르는 부분은 본인이 부모님에 대한 기본공제를 적용받았는지와 상관없이 의료비 지출액을 공제 대상에 포함한다는 점입니다. 그렇게 되면 부당 공제로 세금을 추징당할 수 있습니다.

형제 중 누군가가 부모님을 기본공제 대상자로 신청했고, 그 사실을 본인도 알고 있다고 가정합시다. 연말정산을 공부한 사람이라면 이 경우 본인이 아무리 부모님 의료비를 많이 지출했어도 공제를 받지 못한다는 사실까지는 알 것입니다. 여기까지는 논란의 여지가 없습니다.

문제는 부모님이 나이 또는 소득 요건을 충족하지 못해 누구의 기본공제도 될 수 없는 상황입니다. 이런 경우에는 누구도 부모님을 기본공제 대상자로 신고하지 않았기 때문에, 다시 말해 부모님은 다른 사람의 기본공제 대상자가 아니므로 자녀들이 모두 본인이 부모님을 위해 지출한 의료비를 공제 대상으로 신청한다는 사실입니다. 이때 문제가 발생합니다.

연말정산을 할 때 작성해서 제출하는 서류 중에는 '근로소득자 소득·세액공제 신청서'라는 것이 있습니다. 서식을 보면 본인을 포함한 기본공제 대상 가족의 이름, 주민등록번호, 가족관계를 기재하고 기본공제 대상 여부, 장애인 여부, 6세 이하 여부 등의 기본적인 인적 사항을 O, X로 표시합니다. 또 그 가족에 대한 보험료, 의료비 등의 지출액을 기재하게 되어 있습니다. 여기서 주목해야 할 것은 기본공제 여부를 확인하는 부분입니다. 만약 부모님이 나이, 소득 등의 기본공제 요건을 충족한다면 당연히 이름과 주민등록번호를 기재하고 기본공제 칸에 O 표시를 하면 됩니다. 그리고 부모님을 위해 지출한 의료비 금액은 의료비 칸에 기재해 세액공제를 적용받으면 됩니다.

그럼 부모님이 나이 또는 소득 요건을 충족하지 않아서 기본공제 대상자가 아닌 경우는 어떨까요? 기본공제 대상자가 아니면 간단하게 이 서식에 아무것도 기재하지 않으면 그만인데 왜 굳이 기본공제 여부에 표시하는 칸이 필요한지 의문을 가질 수 있습니다.

이것이 바로 주의할 부분입니다. 나이와 소득 요건까지 만족하는 기본공제 대상자인 경우는 물론 그렇지 못한 경우라도 본인에게 공제 대상 의료비 지출이 있어 신청하려고 한다면 이 서식에 공제 대상 가족을 일단 기재해야 합니다. 먼저 부모님의 성명과 주민등록번호 등을 기재하되 나이 또는 소득 요건이 충족되지 않으므로 기본공제 칸에는 X 표시를 해 기본공제 150만 원은 적용받지 않는 것입니다. 하지만 의료비는 소득과 나이를 따지지 않으므로 그 부모님에 대한 의료비 지출액은 의료비 칸에 기재합니다. 이렇게 하면 기본공제는 받지 않으면서 의료비 세액공제는 적용받을 수 있게 됩니다.

그런데 이렇게 부양가족 리스트에 부모님의 이름을 올릴 수 있는 것은 자녀 중 단 한 명뿐입니다. 따라서 앞에서 말한 바와 같이 부모님이 기본공제 대상자가 될 수 없는 경우 자녀들이 모두 본인이 부모님을 위해 지출한 의료비를 공제받고자 부모님을 부양가족 리스트에 기재한다면 중복 공제에 해당해 자녀 중 한 명을 제외한 다른 사람은 신청한 의료비 세액공제가 취소되고 세금을 추징당하게 됩니다.

정리하면 부모님이 기본공제 요건을 갖추지 못했고, 의료비를 자녀들이 모두 일부분씩 부담한 상황이더라도 연말정산 의료비 세액공제를 신청할 때는 형제 중 한 사람만 부모님에 대한 의료비 세액공제를 신청하도록 협의되어야 한다는 것입니다.

참고로 안경 및 콘택트렌즈 구입 비용, 보청기 구입 비용 등은 국세청 홈택스의 연말정산 간소화 코너를 통해 제공되는 공제 자료에 자동으로 포함되지 않습니다. 따라서 공제를 적용받기 위해서는 해당 구입처에서 '소득공제용' 영수증을 따로 발급받아야 합니다.

세알못: 보험회사에서 보험금을 받아서 낸 의료비도 세액공제 대상이 되나요?

택스코디: 의료비는 근로자가 직접 지출한 의료비가 공제 대상이며, 보험회사로부터 수령한 보험금으로 지급한 의료비는 공제 대상에서 제외됩니다.

세알못: 사내근로복지기금으로 지급한 의료비는 공제 대상에 해당하나요?

택스코디: 사내복지기금은 소득세가 비과세되므로 세액공제 대상 의료비에 해당하지 않습니다.

세알못: 2019년에 의료비를 지출하고 2020년에 실손 의료 보험금을 수령한 경우 의료비 지출 금액에서 차감해야 할 연도는 언제인가요?

택스코디: 의료비 세액공제를 받은 이후 실손보험금을 수령한 연도의 의료비 공제 대상 금액에서 차감합니다.

세알못: 의료비 세액공제 시 차감할 실손 의료 보험금 자료를 연말정산할 때 제출해야 하나요?

택스코디: 2020년 연말정산부터 실손 의료 보험금 자료는 연말정산 간소화 서비스에서 자료를 제공합니다. 수령 금액이 조회되지 않거나 그 금액이 다른 경우, 보험회사를 통해 확인한 후 의료비 공제 금액에서 차감하면 됩니다.

연금을 중간에 해지하거나
한 번에 받으면 세금 폭탄?

세알못: 4년 전 연금저축에 가입해 매년 400만 원씩 불입하고 있습니다. 사정이 생겨 해약해야 하는데 보험회사 말에 의하면 예상 해약환급금 1,700만 원이 발생하고 이 때문에 꽤 많은 소득세와 해지가산세가 부과된다고 합니다. 세금이 얼마나 나올까요?

택스코디: 세제적격연금, 즉 연금저축을 해지하여 수령한 환급금은 소득세법상 기타소득에 해당하므로 보험회사에서 해지환급금 지급 시 15퍼센트를 원천징수합니다. 여기서 주의할 점은 이자에만 기타소득으로 과세하는 것이 아니라 '연 400만 원 한도 불입 원금+이자'에 대해 기타소득세를 과세한다는 것입니다. 불입 기간 동안 원금에 대해 세액공제를 받았기 때문입니다.

세제 적격 연금보험에 가입했다가 불입 계약 기간 만료 전에 해지하거나 불입 계약 기간 만료 후 연금 외의 형태로 지급받는 경우 다음 금액을 기타소득으로 하여 15퍼센트(지방소득세 포함 16.5퍼센트)를 과세합니다.

세알못 씨의 경우에는 매년 400만 원을 불입하고 이를 공제받았기 때문에 해약환급금으로 수령하는 1,700만 원은 불입 원금 1,600만 원과 이자 100만 원으로 구성됩니다. 따라서 1,700만 원 전액이 기타소득으로 과세하며 보험사로부터 수령 시 원천 징수되는 금액은 다음과 같습니다.

1,700만 원×15퍼센트=255만 원(지방소득세 포함 시 280만 5,000원)

연금저축 중도 해지 시 16.5퍼센트의 기타소득세를 차감한다는 사실을 알아야 합니다. 이는 55세 이후에 10년 이상 연금으로 받을 것을 약속하고 연금저축 납입 금액에 대해 연말정산 시 세액공제 받은 금액을 다시 회수하는 차원이라고 이해할 수 있습니다.

하지만 오히려 세액공제보다 더 큰 금액의 기타소득세를 차감하는 상황도 발생할 수 있습니다. 세액공제 금액이 두 단계로 나뉘기 때문입니다.

구분	사업소득자 사업소득	근로소득자 근로소득	세액 공제율	중도 해지 시 기타소득세율
A	4,000만 원 이하	5,500만 원 이하	16.5퍼센트	16.5퍼센트
B	4,000만 원 초과	5,500만 원 초과	13.2퍼센트	16.5퍼센트

표의 A 그룹에 속한 사람은 연금 납입 시점에 16.5퍼센트의 세액 공제를 받았습니다. 그러므로 중도 해지하더라도 16.5퍼센트의 기타소득세를 차감 당하는 것이 당연할 수 있습니다. 하지만, B 그룹에 속한 사람은 세액공제를 13.2퍼센트밖에 받지 못하지만, 중도 해지 시 16.5퍼센트의 기타소득을 차감 당하면 오히려 손해를 볼 수 있다는 것입니다. 물론 기타소득세도 원리금 전체에 대해 부과되는 것이며 종합소득에 포함됩니다.

연금저축은 국민연금, 퇴직연금과 함께 필수적인 연금 상품입니다. 하지만 복잡한 세액공제와 연금소득세의 구조 때문에 정확한 이해가 필요합니다. 참고로 다음과 같은 부득이한 사유로 연금 계좌를 해약 등의 연금 외 수령하더라도 연금소득으로 과세하며 무조건 분리과세합니다.

- 부득이한 사유

  가입자의 사망, 해외 이주, 가입자 또는 부양가족의 3개월 이상 장기 요양, 가입자의 파산선고 또는 개인 회생 절차 개시

- 과세 방법

  연금소득으로 과세 5.5퍼센트(지방소득세 포함, 70세 이상 4.4퍼센트, 80세 이상 3.3퍼센트) 금액 관계없이 무조건 분리과세

14장.

알아두면 유용한
연말정산 상식

12월에 꼭 알아두어야 하는
연말정산 '세테크' 10가지

연말정산 시즌을 앞뒀으니 12월에 꼭 알아야 하는 연말정산 '세테크' 10가지를 살펴봅시다. 그 전에 앞서 만 50세 이상인 직장인이라면 결정세액(산출세액에서 세액공제액과 감면 세액을 공제한 금액)을 고려해 연금저축을 추가 납입하면 이번 연말정산에서 공제를 극대화하는 데 유리합니다. 덧붙여 올해 신용카드 공제액 한도 초과가 예상되면 고가의 물품은 내년에 구입하는 판단도 좋습니다.

①연금저축 계좌 공제 한도 200만 원 상향

만 50세 이상 근로자는 결정세액을 고려해 연금저축 추가 납입을 결정하는 게 좋습니다. 2021년 연말정산부터 50세 이상의 연금저축 계좌 공제 한도가 200만 원 상향되기 때문입니다. 단 산출세액에서 세액공제 금액을 뺀 결정세액이 있는지 먼저 확인해야 합니다.

②계부·계모 부양, 부양가족공제 대상 포함

2021년 연말정산부터 재혼한 부모가 사망해도 계부·계모를 실제 부양하고 있었다면 부양가족공제 대상이 됩니다. 다만 재혼한 부모가 사망한 경우, 가족관계증명서 발급이 어려울 수 있으므로 연말정산 전에 미리 제적등본을 확보해두는 것이 좋습니다.

③산후조리원 비용 영수증 미리 챙기기

총급여 7,000만 원 이하 근로자 또는 배우자가 산후조리원을 이용한 경우, 200만 원 한도로 의료비 지출 적용을 받을 수 있습니다. 다만 산후조리원 비용은 연말정산 간소화 서비스에서 조회가 되지 않을 수 있으니 영수증을 미리 받아 챙겨놓는 게 좋습니다.

④연말까지 혼인신고 마치기

결혼식을 올린 부부는 혼인신고를 12월 말까지 마쳐야 배우자공제를 적용받을 수 있습니다. 혼인신고를 하면 총급여가 4,147만 원 이하인 여성 직장인은 추가로 부녀자공제 50만 원을 소득공제 받을 수 있습니다. 처부모·시부모가 만 60세 이상이고 소득 금액 100만 원 이하라면 부양가족공제도 가능합니다.

⑤월세 세액공제 받으려면 주민등록 주소지 옮기기

월세 세액공제를 받으려면 주민등록등본상 주소지를 월세 주거지로 변경해야 합니다. 고시원이나 주거용 오피스텔도 공제 대상입니다. 월세 세액공제를 받으려면 무주택자여야 하며 총급여가 5,500만 원 이하여야 합니다. 이 조건을 충족하면 월세 지급액의 12퍼센트를 공제해 주며 총급여가 5,500~7,000만 원이면 10퍼센트를 공제해줍니다. 월세 최고한도는 750만 원까지입니다.

⑥주택청약종합저축 공제받으려면 금융기관에 무주택 확인서 제출하기

무주택자인 근로자가 주택청약종합저축에 가입했다면 12월까지 금융기관에 무주택 확인서를 제출해야 국세청 간소화 서비스에서 확인 가능하며 연말정산 때 공제받을 수 있습니다.

⑦올해 입사한 면세점 이하인 자는 연말정산에 신경 쓰지 않아도 된다

여기서 면세점(免稅點)이란 '세금을 면제하는 기준이 되는 한도'를 말합니다. 올해 중도에 입사해 총급여가 1,408만 원 이하인 근로자는 근로소득공제나 인적공제 등 기본적인 소득공제만으로도 결정세액이 0원이 된다면 미리 원천징수된 세금을 전액 환급받을 수 있으므로 연말정산에 신경 쓰지 않아도 됩니다.

⑧ 신용카드 한도 초과 예상 시 고가 물품 구매 미루기

신용카드로 12월에 고가의 지출 계획이 있으나 현시점에서 이미 신용카드 소득공제 한도 초과가 예상되는 경우, 내년 1월 1일 이후에 제출하는 것이 유리합니다. 국세청 홈택스에서 제공하는 '연말정산 미리 보기'에서 신용카드 사용액의 한도 초과 여부를 미리 확인할 수 있습니다.

⑨ 연말정산 간소화에 나오지 않는 서류는 미리 챙겨두기

연말정산 간소화 서비스에서 조회되지 않는 보청기, 안경, 교복 등의 영수증은 미리 챙겨두는 것이 도움이 됩니다.

⑩ 암 환자, 장애인 증명서 미리 발급받기

항시 치료를 요하는 중증 환자, 즉 '세법상 장애인'의 최종 판단은 의사가 하므로 지방에 소재한 병원이면 12월에 미리 장애인 증명서 발급받아두는 것이 바쁜 1월을 피할 수 있어 좋습니다.

사회 초년생,
똑똑하게 환급받는 법

연말정산에서 세금을 많이 돌려받으려면 사연이 많아야 합니다. 즉, 각종 공제 항목을 하나씩 추가할수록 환급받을 세액이 늘어납니다. 요건만 충족한다면 최대한 끌어모아서 공제 신고서에 써넣어야 합니다.

> **세알못: 공제받을 게 영 없는 사람은 어떡하죠?**

> **택스코디:** 사연이 전혀 없는 직장인도 무조건 받는 공제가 있습니다. 바로 본인에 대한 기본공제 150만 원과 표준세액공제 13만 원입니다. 근로소득공제와 근로소득세액공제, 국민연금 보험료와 건강보험료공제도 모두 받게 됩니다.

총급여 4,000만 원인 독신 직장인은 본인 기본공제 150만 원과 근로소득공제 1,125만 원을 통해 과세표준을 2,725만 원으로 낮추게 됩니다. 산출세액은 300만 7,500원이지만, 근로소득세액공제 68만 4,000원과 표준세액공제 13만 원을 차감하면 결정세액은 219만 3,500원으로 줄어듭니다. 이 직장인이 매월 12만 원씩 총 144만 원의 소득세를 월급에서 떼였다면 75만 3,500원을 더 내야 합니다.

세알못: 만약 부양가족이 있으면 결정세액이 줄어드는 거죠?

택스코디: 네. 부양가족 수가 늘어날수록 결정세액을 줄일 수 있습니다.

배우자 1명 몫을 공제받으면 인적공제 150만 원을 통해 실제로 22만 5,000원(소득세율 15퍼센트 적용)을 돌려받을 수 있습니다. 배우자 1명과 자녀 1명을 부양한다면 환급세액은 60만 원 더 늘어나고, 배우자 1명과 자녀 2명이면 97만 5,000원을 돌려받을 수 있습니다.

총급여가 7,000만 원이면 배우자공제로 36만 원(소득세율 24퍼센트 적용)을 돌려받고, 자녀 1명을 추가하면 87만 원, 자녀 2명을 추가하면 138만 원이 환급됩니다.

세알못: 사회 초년생이 공제액을 늘리는 가장 좋은 방법은 무엇인가요?

택스코디: 직장생활을 한 지 얼마 되지 않은 사회 초년생이라면 중소기업 취업 청년 세액공제를 꼭 알아둬야 합니다. 이는 산출세액의 90퍼센트까지 세액공제를 받을 수 있는 고효율의 공제 항목입니다.

중소기업 취업 청년 세액공제는 만 15세 이상~34세 이하인 청년, 만 60세 이상인 장애인 근로자, 경력단절 여성이 중소기업에 취업한 경우에 적용받을 수 있습니다. 2018년 법 개정으로 이들에 대한 소득세 감면율이 종전 70퍼센트에서 90퍼센트로 높아졌습니다. 감면 대상 또한 만 15세 이상~29세 이하에서 만 15세 이상~34세 이상으로 확대됐고, 감면 기간도 3년에서 5년으로 늘어났기 때문에 중소기업에 취업한 웬만한 사회 초년생들은 대상이 될 수 있습니다. 게다가 병역기간이 있으면 최대 6년을 제한 연령에서 빼주기 때문에 상황에 따라서는 만 40세까지도 포함됩니다.

따라서 중소기업 취업 청년 세액공제를 적용할 때에는 취업 연도와 나이를 확인하는 것이 중요합니다. 그동안 세법개정으로 감면 대상 연령과 감면율, 감면 기간, 감면 한도가 계속해서 바뀌었기 때문입니다. 또 전문서비스업과 병·의원, 보건업, 예술 스포츠 등 업종별로 공제를 받을 수 없는 업종도 확인이 필요합니다.

연말정산 신고서를 제출하기 전에 국세청 또는 세무 대리인과의

상담을 통해 청년취업 세액공제 대상 여부를 확인하는 것이 좋습니다. 만 15세 이상 34세 이하 청년이 2018년 이후 중소기업에 취업한 경우라면 90퍼센트의 세액 감면(150만 원 한도)이 가능하므로, 사실상 연말정산의 각종 공제를 머리 아프게 고민할 필요도 없습니다.

또 무주택 세대주이고 총급여 7,000만 원 이하, 시가 3억 원 이하의 주택에서 월세를 내며 살고 있다면 연간 750만 원 한도 내에서 10~12퍼센트의 세액공제를 받을 수 있습니다.

이 두 가지 예시처럼 공제 혜택이 가장 큰 세액공제를 먼저 받은 후에 여유롭게 나머지 요건을 충족하면 좋습니다.

마지막으로 사회 초년생, 신혼부부에게 마땅한 절세 수단이 없다면 청약통장을 꼭 마련해 두길 바랍니다. 청약통장을 만들고 운용하면 연 240만 원까지, 매달 10만 원씩 넣는다면 120만 원의 40퍼센트까지 소득공제 혜택이 주어집니다. 청약저축은 주택구매자금 대출받을 때 청약저축 납입 횟수에 따라 금리도 감면받을 수 있으므로 여러모로 활용도가 높습니다. 단 주의할 점은 청약통장을 개설하고 늦어도 2월까지 반드시 연말정산을 위한 무주택 확인서를 내야 혜택을 받을 수 있다는 점입니다.

맞벌이 부부, 몰아주고 공제받는 2가지 방법

복잡하고 요건도 많은 연말정산, 맞벌이 부부라면 반드시 절세 시뮬레이션을 마련해 둘 중에 누가 더 세금을 아낄 수 있는지를 미리 파악해 두는 것이 좋습니다. 부부 중 종합소득 과세표준이 높은 사람, 즉 연봉이 높은 사람에게 공제 항목을 몰아주면 되지만, 두 사람이 한계 세율 근처의 수입을 낸다면 시뮬레이션을 활용해 배분하는 것이 좋습니다.

가령 남편은 연 4,800만 원의 소득을, 아내는 연 4,500만 원의 소득을 올렸다면 우리나라 누진세율 구간에 따라 남편은 24퍼센트, 아내는 15퍼센트로 각자 다른 세율을 적용받습니다. 따라서 세금을 많이 낸 남편이 더 공제받는 것이 더 유리해 보이지만 꼭 그렇지만은 않습니다. 특별세액공제에 포함되는 의료비나 신용카드 사용액의 경우, 최저 사용 기준이 있어 오히려 소득이 많으면 더 많이 소비해야 공제받으므로 오히려 손해일 수 있습니다. 이럴 때에는 소득이 더 낮은 사람이 공제받는 편이 가계 씀씀이에 보탬이 큽니다.

자녀 연령별 소득공제와 세액공제 정리

구분	지출 형태	소득공제와 세액공제
0세	임신, 출산	기본공제(150만 원), 자녀세액공제(출산공제), 의료비 세액공제
1~4세	육아 비용	기본공제, 교육비 세액공제(300만 원)
5~7세	유치원비	기본공제, 자녀세액공제(7세 이상), 교육비 세액공제(300만 원)
초·중·고등학생	수업료 사설 학원비	기본공제, 자녀세엑공제, 교육비 세액공제(300만 원, 사설 학원비는 제외)
대학생 (사이버대학교 포함)	수업료	기본공제(20세 이하), 교육비 세액공제(900만 원)
대학원생	수업료	교육비 세액공제 (900만 원, 근로자 본인에 한함)

세알못: 맞벌이 부부인데 부모님의 병원비는 누가 공제받는 것이 나을까요?

택스코디: 부모님의 병원비를 결제할 때는 소득이 더 많은 사람이 결제하되, 가능한 한 체크카드로 하는 것이 좋습니다.

이렇게 하면 의료비 세액공제와 신용카드 소득공제(공제율 30퍼센트)를 이중으로 받을 수 있습니다. 형제가 여러 명인 경우에도 역시 소득이 높은 사람이 체크카드를 사용하면 됩니다.

세알못: 맞벌이 부부인데 자녀 의료비는 부부 중 누가 공제받아야 하나요?

택스코디: 자녀에 대한 기본공제를 받는 사람이 지출한 경우에만 의료비 세액공제를 받을 수 있습니다.

만약 남편이 부양 자녀에 대하여 기본공제를 받고, 부인(배우자)이 부양 자녀에 대한 의료비를 지출했다면 남편은 실제 의료비를 지출한 것이 아니므로 공제를 받을 수 없고, 아내(배우자) 역시 다른 사람(남편)의 기본공제 대상자를 위해 지출한 것이므로 공제받을 수 없습니다.

고액연봉자
연말정산 설계

> **세알못:** 저는 현재 회사에서 이사로 근무하고 있으며 연봉은 1억 5,000만 원입니다. 세금을 줄이고 싶은데 좋은 방법이 없을까요?

> **택스코디:** 초과누진세율 적용으로 고액연봉자에게는 높은 세율이 적용됩니다. 그러므로 고액연봉자는 연말정산에 조금 더 신경을 써야 합니다. 연말정산 설계는 고소득 근로자에게 효과가 큽니다. 다음과 같은 방법을 잘 숙지하고 활용해 보세요.

①공제는 빠짐없이 받아야 합니다. 연로하신 부모님(배우자 부모님 포함)을 기본공제 대상으로 추가하면 기본공제와 추가 공제를 받을 수 있습니다. (기본공제 대상자 중 70세 이상인 (조)부모님 등에 대한 경로우대공제가 1인당 100만 원씩 적용됨.)

②외국에서 공부하고 있는 자녀의 교육비도 꼭 공제받도록 합니다.

③기부를 많이 하는 것도 좋은 방법입니다.

④직불카드나 체크카드를 쓰는 것이 좋으니 이를 가족카드로 사용합시다.

⑤조세특례제한법에서 규정하고 있는 금융 상품을 이용하면 좋습니다(예를 들어 연금저축).

세알못: 의료비를 신용카드(현금영수증, 직불카드 등 포함)로 계산하는 경우 의료비 세액공제와 신용카드 등 소득공제를 모두 적용받나요?

택스코디: 의료비 세액공제와 신용카드 등 사용 금액에 대한 소득공제를 모두 적용받을 수 있습니다. 고액연봉자에게 좋은 절세법이지요.

참고로 연말정산 설계는 연초에 시작하는 것이 좋습니다. 연말정산은 보통 다음 연도 2월 급여 지급 때 같이 실시되는데, 이때 받은 원천징수 영수증을 분석하는 것으로 연말정산 설계를 시작합시다. 공제를 빠뜨리지 않았는지, 그리고 앞으로 어떤 공제가 가능할까를 분석해야 합니다. 그런 뒤 올해 받게 될 연봉과 세금이 얼마나 나올지를 예측해 소득공제가 가능한 것부터 추려서 대비하는 자세가 필요합니다.

공제 한도를
신경 쓰자

환급을 많이 받았다고 해서 마냥 좋아할 건 아닙니다. 그만큼 국세청에 세금을 미리 더 내고 수개월 동안 무이자로 맡겨놨다가 되찾은 셈이기 때문입니다. 또 가족을 부양하기 위해 의료비와 교육비, 그리고 신용카드를 많이 썼다는 의미이기도 합니다. 만약 1년 전으로 시간을 돌릴 수 있다면 지출 내역을 조금 조정하는 것도 환급액을 늘리는 방법이 될 수 있습니다. 한 달에 12만 원씩 내던 보험료를 8만 원으로 줄이고, 20만 원씩 내던 연금저축을 24만 원으로 늘리는 것이 좋은 예입니다. 이렇게 하면 지출은 그대로지만 연말정산 환급액은 7만 2,000원 늘어납니다.

공제 항목마다 정해져 있는 한도를 무심코 지나치면 절세의 기회를 놓칠 수 있습니다. 공제 한도를 초과한 부분은 줄이고, 한도가 남아있는 금액을 늘리면 환급액을 극대화할 수 있습니다. 이왕 지출할 금액이라면 연말정산에서 유리한 방향으로 소비 패턴을 바꿔보는 것도 연말정산의 노하우라고 할 수 있습니다.

세알못: 구체적으로 어떤 것을 신경 써야 하나요?

택스코디: 한도를 가장 꼼꼼하게 따져 봐야 하는 부분은 바로 신용카드 공제 항목입니다. 총급여의 25퍼센트를 넘게 써야 공제 가능하며, 한도는 300만 원입니다. 총급여가 7,000만 원을 넘으면 한도가 250만 원으로 줄고, 총급여 1억 2,000만 원을 초과하면 200만 원까지만 소득공제를 받을 수 있습니다.

총급여가 4,000만 원인 직장인은 신용카드로 1,000만 원(4,000만 원×25퍼센트) 넘게 써야 소득공제를 받을 수 있습니다. 하지만 무조건 많이 쓴다고 해서 능사가 아닙니다. 신용카드 사용액이 3,000만 원을 넘으면 공제 한도 300만 원을 채우기 때문입니다. 공제 문턱인 1,000만 원을 넘은 사용액이 2,000만 원인데 여기에 신용카드 소득공제율 15퍼센트를 적용하면 정확히 300만 원이 됩니다. 따라서 신용카드로 3,100만 원을 쓰든 3,200만 원을 쓰든 3,000만 원을 쓴 경우와 똑같은 소득공제를 받는 것입니다.

다만 소득공제율 30퍼센트를 적용하는 현금영수증이나 직불카드를 사용하면 소득공제가 가능한 사용 금액 기준은 훨씬 더 낮아지게 됩니다.

총급여가 5,000~9,000만 원 사이인 직장인은 신용카드로 4,000만 원을 넘게 쓰면 한도를 모두 채울 수 있으며, 총급여 1억~1억 4,000만 원 사이인 직장인은 신용카드 사용액 5,000만 원을 넘기면 공제 한도를 초과합니다.

의료비는 총급여의 3퍼센트를 넘는지 따져 보는 것이 중요합니다. 총급여가 5,000만 원인 직장인은 의료비로 150만 원을 넘게 써야 세액공제를 받습니다. 만약 의료비로 100만 원이나 120만 원을 썼다면 세액공제 혜택이 없습니다. 의료비로 200만 원을 썼다면 총급여의 3퍼센트 기준을 넘은 50만 원에 대해 15퍼센트의 세액공제율을 적용한 7만 5,000원을 환급받게 됩니다.

총급여가 3,000만 원인 직장인은 의료비로 90만 원을 넘게 써야 하고, 총급여가 8,000만 원인 직장인이라면 의료비로 240만 원을 넘게 써야 공제가 시작됩니다. 의료비 본인을 위해 지출한 의료비에는 공제 한도가 없지만, 부양가족을 위해 지출한 의료비는 연 700만 원까지만 공제한다는 사실에 유의해야 합니다.

보험료는 직장인들이 가장 많이 신청하는 세액공제 항목인데, 공제 한도가 100만 원에 불과합니다. 한 달에 8만 3,333원을 꼬박꼬박 납입하는 수준입니다. 이미 월 9~10만 원의 보장성 보험료를 내고 있다면 보험료공제 한도를 넘어선 것입니다. 1년 동안 보험료로 50만 원을 냈다면 세액공제 15퍼센트를 적용한 6만 원을 돌려받고, 보험료 100만 원을 냈으면 12만 원을 환급받게 됩니다.

교육비는 본인의 대학교나 대학원 등록금을 위해 썼다면 한도가 없지만, 자녀를 위해 지출했다면 300만 원의 한도가 주어집니다. 어린이집 · 유치원에 다니거나 초 · 중 · 고등학교 학생인 자녀를 뒀다면 1인당 월 25만 원까지만 공제 대상입니다. 유치원에 월 30만 원씩 수업료를 냈다면 이미 한도를 채웠기 때문에 태권도나 발레 학원의 교육비 납입증명서까지 받을 필요가 없습니다. 대학생 자녀는 등록금이 비싼 것을 감안해 연 900만 원 한도를 적용합니다.

연금저축은 공제 한도와 공제율을 더 꼼꼼하게 따져 봐야 합니다. 연간 한도는 400만 원(2023년부터는 600만 원)이며, 월 34만 원씩 납입하면 한도를 채운 것입니다. 현재 월 20만 원씩 연금으로 내는 직장인이 월 13만 원을 더 넣으면 세액공제율 15퍼센트를 적용해 연 23만 4,000원을 돌려받게 됩니다.

반면 월 40만 원씩 연금을 내고 있다면 월 34만 원씩 내는 직장인과 똑같이 60만 원을 환급받게 됩니다. 총급여가 5,500만 원을 넘는다면 세액공제율이 12퍼센트로 줄어들기 때문에 연간 400만 원 한도를 모두 채워도 48만 원만 돌려받을 수 있습니다.

퇴직자 연말정산은
어떻게 해야 할까?

예상치 못한 감염병이 확산되며 경기 불황으로 많은 근로자가 직장을 잃거나 다른 직장으로 이직할 수밖에 없습니다. 심적으로 안정이 필요한 시기이지만 이런 과정에서도 근로자는 계속 원천징수 대상이 되기 때문에 작년에 이직하고 퇴직한 근로자들도 연말정산을 해야 합니다.

그동안은 직장에서 해주는 대로 믿고 맡겼지만, 이직(또는 퇴직)이라는 변수가 생겨 연말정산 방법이 다소 복잡할 수 있습니다. 특히 일부 공제 항목들은 근무한 기간 안에 지출한 비용만을 대상으로 하고 있으므로 이 부분을 제대로 확인할 필요가 있습니다.

> **세알못: 지난해에 직장을 옮긴 근로자는 연말정산을 어떻게 해야 하나요?**

택스코디: 회사를 옮기면 원천징수 의무자가 바뀌기 때문에 전 직장에서의 기록을 새 직장에 제출해야 합니다.

전 직장에서 퇴직했을 때 발급받은 '근로소득 원천징수 영수증'을 현재 직장의 연말정산 기간에 함께 제출하면 되는데, 이때 소득자별 '근로소득 원천징수부' 사본도 반드시 제출해야 합니다.

국세청은 개정을 통해 원천징수 의무자에게 중도 퇴사자의 원천징수 내역 등의 자료를 퇴직한 해 12월 말까지 홈택스에 조기 등록하도록 했습니다. 전 직장에 연락해야 하는 근로자들의 불편을 해소해 주기 위해서입니다. 따라서 2022년 귀속 연말정산을 하는 이직 근로자는 홈택스에 접속해 본인의 전 직장 원천징수 내역을 확인할 수 있습니다.

만약 전 직장에서 수령하지 못한 급여가 있다면 새 직장에서 연말정산할 때 미지급된 급여까지 합산해 소득세·소득공제 금액을 계산해야 합니다. 현 근무지와 전 근무지의 근로소득을 합산해서 연말정산을 하지 않으면 근로자 스스로 5월 종합소득세 확정신고를 해야 하는 번거로움이 발생할 뿐만 아니라, 무신고 시 가산세를 부담해야 하는 불이익을 받을 수 있습니다.

택스코디: 12월 31일 자까지 회사에 근무하고 있을 때만 연말정산이 가능합니다. 즉, 퇴직해서 12월 31일까지 회사에 다니지 않는다면 연말정산을 받을 수 없으며, 본인이 5월에 직접 종합소득세 신고를 진행해야 합니다. 이 경우 근무 기간 내에 사용한 신용카드, 보험료 등만 공제 가능하므로 연말정산 간소화 사이트에서 근무한 기간에 해당하는 달만 체크해 자료를 다운받아야 합니다.

원칙적으로 퇴사자는 퇴직한 회사에서 퇴직하는 달의 월급을 받을 때 연말정산을 해야 합니다. 예를 들어 지난해 3월에 퇴직했다면 3월분 월급을 받을 때 퇴직한 회사에서 연말정산을 끝내야 한다는 것입니다. 이 경우 퇴직자는 퇴직하는 3월의 급여를 받는 날까지 근로소득자 소득·세액공제신고서, 주민등록표 등본과 함께 소득·세액공제 증명 서류를 제출해야 합니다.

소득·세액공제 시 개인연금저축, 연금저축, 퇴직연금, 기부금, 소기업·소상공인 공제부금, 목돈 안 드는 전세자금 이자 상환액 자료는 근무 기간과 상관없이 연간 불입액을 공제받을 수 있습니다. 하지만 다른 소득·세액공제 항목은 근무한 기간 내 지출한 금액만 공제 가능하므로 주의가 필요합니다.

세알못: 직장을 2곳 이상 다니는 이른바 '투잡러'는 연말정산을 어떻게 하나요?

택스코디: 한 직장의 근로소득 원천징수 영수증 사본을 받아 연말정산을 실제로 수행하는 다른 한쪽의 회사에 제출하면 됩니다. 각 회사에서 따로 연말정산을 받을 수는 없고 회사 한 곳을 정해 공제 증빙서류를 제출해야 합니다.

회사에 투잡 사실을 밝히기 싫다면 처음부터 회사 한 곳에서만 연말정산을 진행하고 나머지 한 곳 몫은 5월에 진행되는 종합소득세 신고를 하면 됩니다.

경정청구보다
더 빨리 환급받으려면?

실수했거나 몰라서 놓친 항목이 있을 땐 세액을 바로 잡을 수 있는 '경정청구'를 활용하면 됩니다. 국세청 홈택스 홈페이지를 통해 신청하고 오류를 바로잡을 수 있는 자료로 소명하면 됩니다. 경정청구가 가능한 기간은 5년까지입니다.

홈택스 사이트에 접속해 로그인하면 '신고/납부' 메뉴가 있는데 이를 클릭하고 '종합소득세'를 선택하면 '근로소득자 신고서' 메뉴가 있습니다. 여기에서 '경정청구 작성'을 클릭하면 됩니다. 이때 원하는 연도를 선택해야 하는데 2017~2021 귀속 연도에 대해서만 경정청구가 가능합니다. 원하는 귀속 연도를 선택하면 '소득·세액공제 명세서 및 부속서류 조회' 화면이 나오며 회사가 제출한 근로자의 지급명세서와 부속서류 등을 조회할 수 있습니다. 여기에서 인적공제, 보험료공제, 의료비공제 등 각종 공제 항목을 수정할 수 있는데 수정할 부분을 작성해 '신고서 제출하기'를 누르면 경정청구가 완료됩니다.

여기까지 하고 나면 의료비나 기부금 등의 빠뜨린 영수증 등 부속서류를 첨부해 제출해야 합니다. 다만 결정세액이 0원이었다면 돌려받을 세금이 없으므로 경정청구 작성 자체가 불가능합니다. 다시 말하지만, 연말정산은 내가 냈던 세금을 돌려받는 과정으로 모든 세금을 돌려받았다면 지난해 공제를 받지 못했더라도 추가로 돌려받을 수 있는 세금이 없습니다.

유의해야 할 점은 현재 2022 귀속 연도 경정청구는 불가능하다는 점입니다. 경정청구는 말 그대로 세금을 신고한 후 정정하는 것인데, 현재 2022년도에 대한 연말정산이 진행 중이기 때문에 경정청구가 불가능한 것입니다. 2022 귀속 연도에 대한 경정청구는 5월 종합소득세 기간이 끝난 뒤에 가능합니다.

세알못: 경정청구보다 빨리 세금을 환급받으려면 어떻게 해야 하나요?

택스코디: 경정청구 신고를 완료했더라도 세금은 두 달 뒤에나 돌려받을 수 있습니다. 바로 받을 수 있는 것이 아니므로 성격이 급한 사람은 답답할 수도 있습니다. 이럴 때에는 종합소득세 신고 기간을 이용하면 됩니다. 5월 종합소득세 신고 기간에 연말정산을 한다면 세금을 바로 돌려받을 수 있습니다.

종합소득세 기간에 회사 도움 없이 나 혼자 연말정산을 할 수 있을까 겁나겠지만, 방법은 경정청구와 비슷해 그리 어렵지 않습니다.

제출 서류는 종합소득세 과세표준 확정신고서 및 자진납부계산서, 근로소득 원천징수 영수증과 소득·세액공제신고서, 의료비나 교육비, 신용카드 사용액 등의 관련 증명 서류 등입니다. 서류 이름만 들어도 머리가 아프겠지만 홈택스에 접속하면 회사에서 국세청에 제출한 지급명세서를 쉽게 확인할 수 있습니다. 이를 클릭해 자료를 내려받은 뒤 소득·세액공제 자료를 조회하고 다운을 받으면 됩니다. 이후 '종합소득세 신고'를 클릭한 뒤 '경정청구 작성' 옆에 있는 '근로소득자 신고서 정기 신고 작성'을 선택합니다. 기본정보를 입력하고 근무처별 소득명세를 클릭한 뒤 관련 내용을 확인하면 됩니다.

근로소득 신고서를 확인해 수정사항이 있으면 '입력·수정하기'를 클릭한 뒤 인적공제나 보험료공제, 기타 공제 등 해당 사항을 입력하고 환급받을 계좌를 입력한 뒤 신고서를 제출하면 연말정산이 완료됩니다.

연말정산
개별환급 제도

세알못: 연말정산 기간 중 회사 사정이 어려워져서 다니던 직장이 폐업했습니다. 월급뿐만 아니라 연말정산 세금 환급액도 받지 못하게 됐습니다. 어떻게 하면 좋나요?

택스코디: 대부분의 직장인은 1월에 연말정산을 끝내고 2월분 급여나 3월분 급여를 받을 때 세금 환급액을 함께 지급 받습니다. 하지만 회사 사정 때문에 급여가 기약 없이 미뤄지게 되는 상황에는 직장인이 개별적으로 직접 국세청에 세금 환급액 지급을 요청할 수 있습니다. 이것이 바로 연말정산 '개별환급' 제도입니다.

연말정산 개별환급은 특정 요건을 갖춰야 신청 가능합니다. 우선 근로자가 속한 기업이 국세청에 연말정산 환급 신청은 했지만, 이후에 부도나 폐업, 임금 체불로 근로자에게 환급금을 지급하는 것은 사실상 불가능한 경우여야 합니다.

또 이미 지난해 근로소득에 대해서는 정상적인 원천 징수 납부가 된 상태여야 합니다. 연말정산 환급은 이미 낸 근로소득세를 정산한 후 더 낸 세금을 돌려주는 절차이기 때문에 낸 세금이 없다면 돌려줄 것도 없기 때문입니다. 따라서 근로자가 속한 기업이 지난해 매월 또는 반기별로 근로소득세를 원천징수해서 국세청에 낸 사실이 확인돼야 합니다.

아울러 연말정산분에 대해서도 원천세 신고와 근로소득 지급명세서를 국세청에 제출한 기업이어야 합니다. 참고로 부도 기업 사실 확인은 금융결제원에서 당좌거래정지자로 조회되는지를 확인하면 되고, 임금 체불 기업에 대해서는 고용노동부 체불 사업주로 조회가 되는 기업이 대상이 됩니다.

개별환급 신청 기한은 당장 오는 3월입니다. 신청된 서류는 관할 세무서가 검토한 후 3월 31일까지 환급금을 지급합니다. 3월 이후에도 신청할 수는 있지만, 지급 시기가 다음 달 이후로 미뤄진다는 문제가 있습니다.

신청은 국세청 홈택스 사이트에서 하면 됩니다. 세무서에서 서면을 통해 신청할 수도 있지만, 홈택스를 통해 비대면 신청하는 것이 훨씬 편리합니다.

홈택스 '신청 메뉴→일반신청→일반 세무서류 신청→민원명 찾기에서 '부도'를 검색해 조회→부도 폐업 기업 근로자 연말정산 환

급금 신청서' 순으로 클릭한 후 신청 서식을 다운로드해 작성하고

제출하면 됩니다.

부록

2023년 연말정산 세법
이렇게 개정된다

직장인은 매월 회사에서 받는 월급에서 소득세를 원천징수합니다. 매년 1월에는 연말정산을 통해 1년 동안 미리 낸 소득세 중 일부를 돌려받거나 더 내기도 합니다.

세법이 조금만 바뀌어도 실제로 돌려받을 세액이 달라지기 때문에 이를 확실하게 알고 대비할 필요가 있습니다. 기획재정부가 발표한 2022년 세제 개편안에서 직장인들의 세금은 앞으로 어떻게 달라지는지 살펴봅시다.

먼저 소득세를 계산할 때 기준이 되는 과세표준 구간을 2023년 1월부터 조정됩니다. 소득세 과세표준 중 최저세율 6퍼센트를 적용하는 '1,200만 원 이하' 구간이 '1,400만 원 이하'로 변경되고, 세율 15퍼센트를 적용하는 '4,600만 원 이하' 구간 역시 '5,000만 원 이하'로 변경됩니다.

예를 들어 2022년 과세표준 1,400만 원이었던 직장인은 72만 원 (1,200만 원×6퍼센트)과 30만 원(200만 원×15퍼센트)을 합쳐 102만 원 의 소득세가 산출되었지만, 2023년에는 84만 원(1,400만 원×6퍼센트) 으로 산출세액이 크게 줄어듭니다.

산출된 세액에서 실제 세액공제까지 모두 계산해 보면, 총급여 3,000만 원(과세표준 1,400만 원)인 직장인은 2023년 소득세가 8만 원 줄어들고, 총급여 5,000만 원(과세표준 2,650만 원)인 직장인은 2022 년보다 18만 원의 소득세를 덜 내게 됩니다. 총급여가 7,800만 원(과 세표준 5,000만 원)인 경우에는 2023년에 54만 원의 소득세를 덜 내게 됩니다. 고소득 직장인일수록 감세 혜택이 커지지 않도록 총급여 1 억 2,000만 원 초과 직장인의 근로소득 세액공제 한도를 50만 원에 서 20만 원으로 낮췄습니다.

근로소득 세액공제 조정으로 인해 총급여가 1억 5,000만 원(과세 표준 1억 2,000만 원)인 직장인이나 총급여 3억 원(과세표준 2억 7,000만 원)인 직장인은 2023년 줄어드는 세액이 똑같이 24만 원이 될 전망 입니다.

또 급여명세서를 살펴보면 '식대' 항목이 있죠. 회사가 지급한 식 대는 월급에서 소득세를 떼지 않고 비과세 혜택을 주는 것입니다. 식대 비과세 한도는 2003년에 10만 원으로 정해진 이후 한 번도 개정된 적이 없습니다.

20년 전에는 김밥 한 줄의 가격이 1,000~1,500원이었지만, 최근에는 김밥 한 줄에 2,500~3,000원입니다. 통계청 자료에 따르면 실제로 20년 사이 김밥 가격은 2.18배, 라면은 2.14배 오른 것으로 조사됐죠. 2023년 1월부터 식대 비과세 한도는 정확하게 두 배 오른 20만 원이 될 예정입니다. 식대를 월 20만 원씩 받는 경우 총급여가 4,000~6,000만 원인 직장인은 올해보다 18만 원의 소득세 부담이 줄어들 전망입니다.

또한 총급여가 8,000만 원인 직장인은 연간 29만 원의 소득세가 절감되는 것으로 계산됐습니다. 다만 회사에서 기존 10만 원으로 되어 있던 식대 금액을 20만 원으로 수정해서 기재해야 비과세 혜택을 받을 수 있습니다. 그러므로 2023년 1월 월급명세서에서 식대가 얼마로 적혀있는지 꼭 확인해야 합니다.

연말정산할 때 교육비 공제를 통해 본인이나 부양가족의 교육비 지출액의 15퍼센트를 세액공제 받고 있죠. 본인뿐만 아니라 자녀의 수업료, 교재비, 입학금 등이 공제 대상입니다. 2023년부터 대학 입학전형료와 수능 응시료도 세액공제 대상이 됩니다.

2023년 1월 1일 이후 지출하는 분부터 적용되기 때문에 2022년 수시 입학 전형료나 수능 응시료는 아쉽게도 혜택이 없으며, 2023년 초 정시 입학 전형료를 납부할 때 공제 대상에 포함될 수 있습니다.

마지막으로 영화관람료도 소득공제를 받을 수 있습니다. 현재는 도서구입비, 공연관람료, 박물관·미술관 입장료에 대해 30퍼센트의 소득공제를 적용하고 있습니다. 영화관람료에도 30퍼센트의 소득공제 혜택을 받을 수 있습니다. 다만 시행 시기를 눈여겨봐야 합니다. 2023년 7월 1일 이후 사용하는 영화관람료부터 소득공제가 적용된다는 점을 꼭 유의해야 합니다.

내용	현행	개정	적용 시기
소득세 과세표준 구간 조정	총급여 1,200만 원 이하 6퍼센트 총급여 1,400만 원 ~4,600만 원 이하 15퍼센트	총급여 1,400만 원 이하 6퍼센트 총급여 1,400만 원 ~5,000만 원 이하 15퍼센트	2023년 1월부터
근로소득 세액공제 한도 축소	총급여 7,000만 원 초과 시 66~50만 원	총급여 1억 2,000만 원 초과 시 50~20만 원	2023년 1월부터
식대 비과세 한도 확대	월 10만 원 이하	월 20만 원 이하	2023년 1월부터
월세 세액공제율 상향	월세액의 10퍼센트 또는 12퍼센트	월세액의 12퍼센트 또는 15퍼센트	2023년 1월부터
주택임차차입금 소득공제 한도 상향	공제 한도 300만 원	공제 한도 400만 원	2023년 1월부터
교육비 세액공제 확대	수업료, 교재비, 입학금 등	대학 입학전형료, 수능 응시료 추가	2023년 1월부터
영화관람료 소득공제 신설	도서 · 공연 등 30퍼센트 소득공제	영화관람료 소득공제 추가	2023년 7월부터

2023
연말정산의
기술

초판 1쇄 발행   2022년 11월 18일

지은이   최용규
발행인   곽철식

편집   구주연
디자인   박영정
마케팅   박미애
펴낸곳   다온북스
인쇄   영신사

출판등록   2011년 8월 18일 제311-2011-44호
주소   서울시 마포구 토정로 222, 한국출판콘텐츠센터 313호
전화   02-332-4972   팩스   02-332-4872
전자우편   daonb@naver.com

ISBN 979-11-90149-86-0 (03320)

• 다온북스는 독자 여러분의 아이디어와 원고 투고를 기다리고 있습니다.
  책으로 만들고자 하는 기획이나 원고가 있다면, 언제든 다온북스의 문을 두드려 주세요.